落脚之地

◎胡野秋／著

深圳报业集团出版社

作者简介

胡野秋，文化学者、作家、导演。曾获“中国新闻奖”。出版《深圳传》《胡腔野调》《冒犯文化》等，诗集《遗忘之河》，导演电影《爱不可及》(获第51届休斯敦电影节白金大奖)。

这些是被海风浸透的地名，在战火与离乱中幸存下来，成为文明的拓片。

四十五年不过是历史转身的刹那，当所有漂泊的候鸟决定收拢翅膀，这些被体温焐热的地名便不再是地图的注脚，而成为移民城市的无字碑。

所谓落脚之地，不过是大地对流浪者最温柔的收容。

啊！我的深圳。我的落脚之地。

——题记

序言

风吹雨打的地名

千夫长

2020年，胡野秋的非虚构作品《深圳传》出版，名声很大，中文简体版、繁体版，英文版纷纷推出，形成了畅销趋势，颇具影响力。

野秋兄为深圳立完传，余兴未尽，又开始对深圳进行地名考。这不是一件简单的工作，不但要走街串巷，寻踪觅迹，采访记录，还要读志查典，考据推敲。在草蛇灰线断断续续的脉络中，拨开鳞次栉比现代建筑的层峦遮挡，为深圳的地名建立起了存在的文化逻辑。

对于早期来深圳的人来说，巴登街可谓是最著名的。巴登街的名字来自巴登村，意思很费解，已经无人能说清街名的含义和来历了。胡野秋细致揣摩、反复斟酌，终于在巴墩、巴灯、巴丁，客家、广府的混杂读音中，让巴登“名正言顺”起来了。

早年，大概是1990年代初，巴登街是我和野秋宵夜的地方。那时，作为深圳特区报的编辑，野秋夜里编完版从报社走出来，我从蔡屋围城建集团BB机公司的住宅楼走过去，多数时间都是坐在一起吃火锅喝啤酒。四川人觉悟得早，很懂得做生意开饭店。我从最北的边陲内蒙古来，没有商业意识，只懂得吃饭店。巴登街上的川菜馆里，八仙楼最有名，但我们却喜欢坐在外面街边的大排档，兴致来了可以光着膀子，高谈阔论。周边的餐桌上都是在谈生意，我俩却一直谈文学。

观澜那个地方吸引我的，是因为出了个陈烟桥。陈烟桥是鲁迅很欣赏的、中国的第一代新兴版画大师和美术教育家。每次去观澜，看到观澜古建美如画，都感觉美如套色版画。我至今还珍藏着一大厚册陈烟桥的版画画册。一个地名，因为一个人，而留下了一个文化符号。这就叫文人的厉害。

深圳建特区前存留下的地名，多是莫名其妙。八卦岭无八卦，但是对我来说，这个地方却多了一些牵挂。最早是胡野秋主编的《影视双周刊》杂志社在此办公，成了我经常造访的地方，每期新杂志出来，也成了我们喝酒的兴奋点。酒后，又期待着下一期。然后是书刊批发市场，每次来淘书的脚步都是兴致勃勃的，一家一家翻看，不知疲倦，新书新刊拿在手里，总是赏心悦目。

近年来吸引我的是诗人张尔创办的飞地书局。一时间，飞地书局曾是很多买书读书写书人的梦想之地。我的中篇小说集《马的天边》首发，就是在飞地书局举办的。活动的现场由荔枝、哔哩哔哩、斗鱼直播出去，八卦岭一下子与虚拟世界连接了起来。

说起梅林，老深圳人自然就会想起二线关来。野秋在书里解释：所谓一线关，就是与香港的边界，彼时还叫国门。二线关则是将特区与内地隔开的铁丝网，这道铁丝网高3米，长达84.6公里，东起盐田小梅沙、西至南头安乐村。铁丝网将深圳分割成两部分：特区内，特区外，也即俗称的关内、关外。在二线关的切割下，深圳成为中国“一市两制”的城市之一。中国人要从中国内地到深圳经济特区去，你必须办一个边境证。边境证其实就是一张纸，上面手写着你的姓名、籍贯、年龄，但并无照片，过二线关时，边境证与身份证并用，方可过关。那时，有名的关口有同乐关、白芒关、沙湾关、梅林关等。

进入21世纪，著名期刊出品人、专栏作家姜汤兄，在他主编的《视点》杂志上策划了一期呼吁取消深圳二线关的专题，我和野秋都被邀写了文章，记得我的题目是《拆掉二线关，深圳得解放》。现在，那些关口虽然没有武警把守了，但是，通关的大门多是留下了历史的遗迹。

读野秋兄的书稿，看他捉出来的一个个地名，像是沉浸在时间里的长篇叙事。在赤湾蛇口半岛顶端的宋少帝陵，写下了元军灭宋的句号；如今的国家一线新城市，为特区经济写出了叹号；移民文化经过混杂融合之后，也为深圳文化的独特基因，写上了问号；未来的走向，一直都会是逗号。

多少人，多少事，浮华过后，最后都要落脚在地名上，被历史铭记。地名也会在风吹雨打中长存。

目录
CONTENTS

巴登街：光阴的故事

能不忆南园

风雅观澜

寻古沙井

甘坑小镇:都市里的世外桃源

金龟慢

此心安处是新安

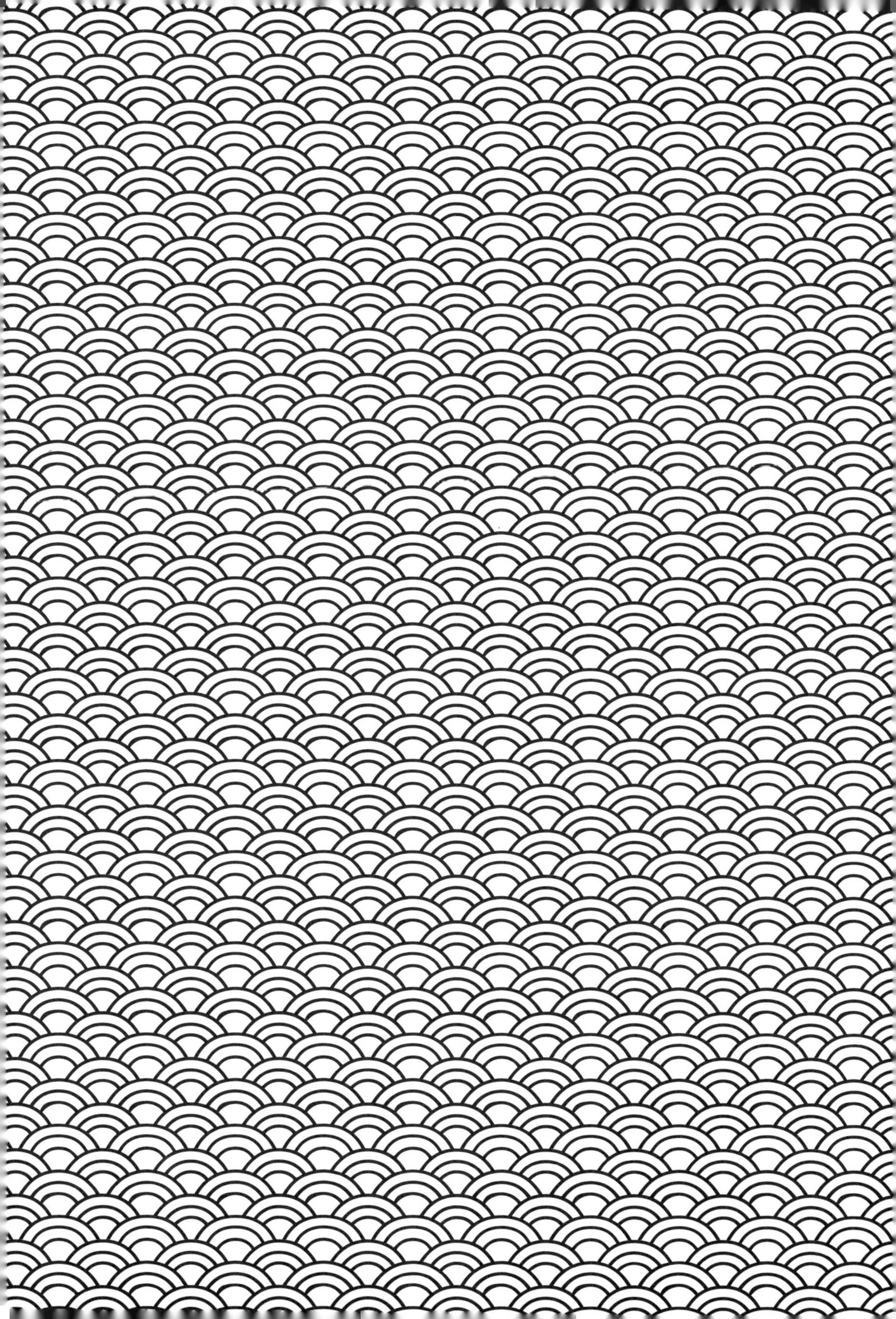

巴登街：光阴的故事

巴登街对于深圳人来说，是个富有传奇性的地名。只要提起这个名字，一定会有人神秘地笑起来。当然，这指的是在深圳待了二十年以上的人。近十年来深的人，也只能听到一言半语的传说。而对于刚来一两年的人，巴登街已泯然众街矣。

巴登街的名字来自巴登村，意思很费解，至今已经无人能说清街名含义，更遑论来历。多年前我做记者时，曾遍访村民，无人能答；后来因醉心于地方文史，也求教过众多本土方志专家，亦无人能给我肯定的答案；待到我写作《深圳传》时，翻遍地方史志的故纸堆，也未能找到确切记载，只能语焉不详、含糊其词地对付过去。

深圳的地名有雅有俗，雅的能够上天，俗的可以掉渣。雅如：观澜村、留仙洞、共和村，俗如：牛栏前、对面喊、大脑壳。但无论雅俗，皆能让人明白意思，唯独巴登街晦涩无解，让人摸不着头脑。

围绕巴登街的各种迷离的传说，一直在民间流传，这里曾经是都市寻梦人的栖息地，也是城市故事的发酵场，这里的羊肠小道和蛛网似的电线缠绕在一起，饮食男女在这里编织着朦胧浪漫又有些暧昧的市井生活，这里的烟火气不由得使人想起许鞍华拍摄的港产片《天水围的夜与雾》。

今天的人已经很少会走进这条巴登街，但谁能想到此处确曾在20世纪八九十年代独领风骚，风头一时无两。

一、巴登何解？

巴登村的名字有点莫名的洋气，我曾经因为香港地名中有诸多“告士打道”“砵甸乍街”“列拿士地台”等一批洋街名，妄自揣测过巴登是否来自西语，知道德国有个叫“巴登”的小城，美国有个“巴顿”将军，最接近的地名是天津还有个“巴登·巴登”小区，但均与此村无关，除了发音上的近似以外，绝无地名上的牵扯。

虽然顶着个洋气时尚的名字，但是巴登街非但不年轻，反而很古老。据《深圳市福田区志》记载，该村始建于元朝末年，因南头城郑氏之祖见此地山明水秀、田地肥沃，遂带领族人从南头移居至此而形成，至今已有600多年历史。

我曾问过很多本地原居民中的老人，村名为什么叫“巴登”，但没有一个人能说清楚，问其在土语中的意思，也没人知道。查阅仅有的几本地方志，从明朝天顺八年（1464年）的《东莞旧志》，查到康熙二十七年（1688年）的《新安县志》，再到嘉庆二十四年（1819年）的《新安县志》，直至近年编纂的《民国时期深圳文献档案演绎》（四卷），发现“巴登”曾经在明、清、民国的不同时期，先后甚至同时拥有“巴墩”“巴丁”“巴灯”的不同称谓，都指向目前巴登街位置的一座村落，在埔尾村东侧。村民以种田为生，曾先后有郑、陈、林等大姓家族在此开垦，历经十数代，人丁兴旺，烟火繁盛。

所以虽不能确切解释语义，但推断下来唯一能确定的是，“巴登”为粤语发音，具体来说，可能是本地特有的“围头话”。围头话是客家话和广府话的混合方言，主要在深圳福田、罗湖、宝安以及香港的新界地区使用，因为历代中原移民的不断大量南迁，这种相对接近北方语音的方言产生出来，成为不同地区移民互相交流的语言工具。直至今日，围头话还在被深圳原居民的老人们挂在嘴上。

细究起来，“巴登”与“巴丁”虽然无解，但“巴墩”却可以找到准确的定义，《康熙字典》云：“平地有堆曰墩。”意思就是小山包。深圳带“墩”字的地名有不少，例如：木墩、墩头等。墩头，又叫墩头里、墩溪里，时而写作“丁头”“登头”。可见“丁”“登”皆为“墩”的谐音替代字。那何为“巴”呢？有人称是指“巴掌大的土堆”，但我认为不准确，古代还没有“巴掌大”这样的白话式的表达。我终于在清康熙《新安县志》中查到巴登村的原名被记载为“垺下墩”，而“垺”读作“bo（伯）”，意思是：土坚。“垺下墩”合在一起的意思，就是坚硬的土堆。如果用围头话读“垺下”，“下”字在粤语中读为“哈”，语速稍快便读成了“伯哈——巴”，我霎时理解，“巴墩”系“垺下墩”用围头话快读后的语音。

“巴登”显然又是从“巴墩”引发出的又一次同音字替代，是围头话在与汉字的转换中出现了不同的注音，又因为过去缺乏严谨的地名观念，无法统一规范，所以常常会借用、错用、混用。如今在巴登街周边的路牌上仍能看到“巴登”与“巴丁”在混用着，时而“登”时而“丁”地混淆着我们的视听，反倒是能帮助我们理解村名的“墩”字为何不见踪影了。

二、小巷记忆

我1992年来深圳，巴登街是我最初的落脚地。

这里离我当时工作的《深圳特区报》社只有600米。巴登街为何会成为外来者最热门的租住地，原因无他，因为这里虽然身处绝对的市中心，但房租很便宜，让囊中羞涩的南下闯荡者得以暂且栖身。

后来在不同的聚会上，都会找到巴登村的老租客，由此可见，很多早期闯特区的人，第一脚都曾落在过巴登街，其间不乏后来的城中名人。

这条街位于南园街道，坐落于红岭路以西、东园路以北，东边紧靠繁华的蔡屋围，与地王大厦和深圳大剧院比邻而居，西边挨着生意兴隆的电子一条街华强北。北边隔着一条深南大道，与市委相望。谁都想不到，离核心区域咫尺之遥的巴登街，却与外面是两种风情。这让人想起雨果笔下的《巴黎圣母院》，巴黎市中心的香榭丽舍大街后边那个与主流街区完全不同的乞丐王国，各自主宰着巴黎的日与夜。

改革开放之初，内地人鲜有机会去香港，一踏入深圳就被告知：“去巴登街看看，那里最像香港。”果然，走进这条处于闹市背后的小街，瞬间便会被耀眼闪烁的霓虹灯迷醉，然后迅即被一股巨大的磁场吸进四通八达的羊肠小道。这里的每条街道都不长，但你发现好像永远也逛不到头，原因是在迷蒙的夜色中，你完全辨不清你究竟在犬牙交错的街巷中走进了哪一条小巷。这种复杂如蛛网的格局，将城市角落演化成变幻无穷的魔方，也让初来者体验到某种隐秘的兴奋感。

巴登街的楼房与楼房都很亲密，站在下面向上望去，到处都是“一线天”，最早关于“握手楼”“亲嘴楼”的称谓就发源于这里，因为外来者大都对如此之高的建筑密度感到不可思议。当然，“亲嘴楼”只是个说法，在两栋楼之间真的接吻大约只能存在于电影里，但握手却是真切的。我听一位住过“握手楼”的朋友说过，他们家常常在炒菜时缺葱少蒜又懒得下楼去买的时候，喊一嗓子对面楼的邻居，对方一伸手，姜葱就轻松地递过来了。

更不可思议的是，在本已狭窄的“握手楼”之间，居然还能挤出一栋“指缝楼”，这栋楼被命名为“埔尾康乐楼”，八层高的楼，却像一张薄薄的纸片从握手楼的指缝中漏下。

“埔尾康乐楼”乃至任何一栋楼，地面一楼都毫无例外地成为各种饭店、商场、菜场的门面房。这里有最丰富多彩的服务业，因为最早来深的香港商人都偏爱这离深圳河不远的地方，所以这里也诞生了内地的第一批港式茶餐厅。在港式茶餐厅的带动下，各色大排档、小酒楼，成为这里的主角，绵延不绝的流水席，从早到晚让各路食客永不满足。酒足饭饱之后，舞厅、发廊、洗脚屋、卡拉OK厅便承接了夜场。

在巴登街，我第一次体会到“不夜城”的魅力；在巴登街，我也才领略了什么是“港式理发”。从小到大的理发都很简单，坐在理发椅子上先把头发剪短成型，然后坐在水龙头前弯腰把头发碎屑冲洗干净，即大功告成。但这里的港式理发，不叫理发，而叫“洗头”。当时一个朋友说要请我洗头，便带我走进一家发廊。一个洗头妹便会迎上，她让你坐直靠在椅背上，然后把各种洗发液、清水朝你头上招呼，而且洗头之前先按头，手指在头上一寸一寸地按摩，那种头皮上的酥麻感前所未有，这个过程让人昏昏欲睡，很多人会趁机打个盹。洗完头，剪完发，你顿觉一天的疲劳灰飞烟灭。如今这样的理发方式在全国各地的城乡早已普及，但在当年简直就是超级享受。有一段时间，在深圳的朋友、老乡或者生意伙伴间，“请你洗头”是拉近感情的重要手段。

巴登街的上午基本是沉睡着的，中午开始醒来，下午进入躁动，各种服务行业启动准备工作，黄昏之后逐渐活泛，到了夜晚才真正灵动起来，万家灯火组成的光带和各种音乐交织的声波，刺激着人的眼睛和耳朵，当然还会飘荡来撩动味蕾的饮食和水果的香气。

当年我的日常采访生活是这样的：临近中午，我在巴登街的各种市井嘈杂声中醒过来，下楼时看见热气腾腾的大排档，便坐下来点一份客家肠粉，凳子上坐满了和我一样夹着公文包、西装革履的年轻人。吃完这顿便宜的早餐，我们便从这里各奔东西，走进各种高档写字楼，开始一天的白领生活。那时候每个人都充满热情地工作，憧憬有一天能在那些体面的商品房里拥有自己的一个房间，在万家灯火中点亮一盏属于自己的灯。晚上下班后，大家从写字楼、酒楼里回到自己城中村里的农民房，继续做自己的深圳梦。

三、难舍城中村

“城中村”这个词，最初起源于深圳。后来由于席卷全国的移民潮，北京、上海、广州才逐渐也有了“城中村”的概念。

因为深圳整个是“村庄里的都市”，城市主体便脱胎于道道地地的农村，在建立经济特区之前，还叫宝安县的深圳是一个不折不扣的农业县。根据《嘉庆〈新安县志〉校注》记载，嘉庆年间深圳境内分布了800多座村落；而1987年出版的《深圳地名志》中，深圳有1500多个村落；1992年再次普查时，深圳还有1200多个村落。可以说深圳原始村落的宏观数量与空间分布奠定了如今深圳城中村的整体空间结构布局。

如此众多的乡村，一夜之间迈入城市化的门槛，这给城市提出了空前的难题。取消农业户口是简单的，更换一个户口本就可以了，但是让已经存在了几十年乃至几百年的村落改变面貌乃至消失，则异常艰难，犹如破茧化蝶，结果也许美好，但过程注定是撕心裂肺般的痛苦。因此，在深圳的建城史上，城市和乡村始终是纠缠在一起的。

早期闯深圳的人，几乎没有不住城中村的。

我刚来深圳，就发现这个城市最有意思的地方，就是城市中心和边缘常常混在一起，这与北京、上海城乡有别的格局迥异，而这些与中心缠绕在一起无法分开的大大小小的“城中村”，距离那些闻名遐迩的CBD只有咫尺之遥。深圳几乎到处都能看到光鲜的高楼大厦与杂乱的城中村相依相偎，像一对身份悬殊的恋人，看起来很不般配，但不妨碍如胶似漆。

这一千多个城中村，掩映在现代化都市的霓虹灯影里，构成一道别样的风景线。

很多深圳人的发家梦都是从城中村出发的。

城中村是一个容易让人陷进来的地方。它包容着形形色色的人，而为这形形色色的人服务的各种店铺也档次参差，生活在里面就像一个小社会，什么东西都自给自足。

紧挨着巴登街的蔡屋围，是深南大道最初的起点，深圳最高的几栋摩天大楼都在那儿，地王、京基、深交所、中信广场凝聚着最初的财富。从蔡屋围到上海宾馆，只有区区3公里，曾经是来深者流连忘返的地方。每到入夜，直刺星空的激光灯和令人目眩神迷的霓虹灯，让深圳无论晨昏都沉浸在不安分的动感中。当年深圳大剧院二楼“沙都歌舞厅”的舞池里，轻歌曼舞的表演者中后来好几位都成了中国流行乐坛的大哥大、大姐大。蔡屋围的城中村改造是成功的，既成为气宇轩昂的金融中心，又没有彻底消灭满满烟火气的“握手楼”“亲嘴楼”。这里的村民已经基本不住在村里，而是选择回迁到旁边的KK Mall上面的“老围花园”，他们每年的个人分红能达到十万元以上，曾为全深圳最高，过上了上班族们羡慕不已的高端社区生活。同时在村里，依然可以吃到便宜的客家肠粉，外来者依然可以在这里继续做属于他们的新梦。

巴登街就这样在时尚与传统的夹击下，日复一日活色生香地存在着。

直到有一天，一切戛然而止。

1998年，随着中信城市广场的兴建，巴登、埔尾旧村被全部拆除重建，巴登街虽然还在，但已不见当年的灯红酒绿，更不复见那些漏夜的喧嚣了。一切都那么中规中矩。

这条曾经声名远播的小街已然度过当年荷尔蒙迸发的“青春期”了，但巴登街的传说却依然强劲。

跨入2023年，关于巴登街又有最新消息传来。

深圳城市旧改步伐新年又有提速，按照向公众披露的信息，未来巴登街一带将成为高档商业、金融、娱乐片区，有蔡屋围改造经验的京基集团成为巴登街旧改的操作公司，目前开发商已进驻。看来京基在深圳老中心区的雄心已不满足于蔡屋围，他们是想让规划版图从东至西横跨红岭路，打造“大蔡屋围片区”。

我想，用不了多久，“亲嘴楼”“握手楼”乃至“城中村”都会消失，蜕变成为一个历史名词。当年给众多深圳客留下深刻印记的那些纵横交错的街巷、牌楼，或许有部分会作为城市记忆，被保留下有限的一点点，成为历史的废墟，记录一段其实与风月无关的故事。

一旦真的消灭了它们，甚至连记忆碎片也一并消失，那城市还能剩下什么呢?

对未来的巴登街，我充满着期待，希望过几年拆掉那些施工围栏，再次踏进巴登街的时候，除了面貌一新的新楼、新街之外，还能有一条让我们一头撞进旧时光的隧道，让我们重温旧梦，感慨似水年华。这种远景在元宇宙时代，应该不完全是空想。

啊，八卦岭

八卦岭，一个不大的地方，但在深圳的知名度始终排在第一方阵。从20世纪80年代初创期到90年代巅峰期，直到如今的转型期，一路辉煌地陪伴着几代深圳人，这在瞬息万变的经济特区，也堪称神奇。

八卦岭曾经很喧闹，眼下很安静。它蹲伏在笔架山东南部山脚边，横躺于园岭与泥岗村的怀抱之间，查史料得知它在大部分时代都隶属于泥岗村，目前在园岭街道管辖下。

在深圳特区的发展史上，八卦岭曾经有过耀眼的高光时刻，最先是国内印刷书刊业的龙兴之地，后来成为电子厂和汽车业的旺盛之乡，再后来华丽转身为服装时尚之市，转而当下一到吃饭时间，便想起那条美食之街。

刚来深圳时，看到“八卦岭”这个名字，脑中便没来由地闪现出读大学时看过的一部日本电影《啊，野麦岭》，野麦岭虽然与八卦岭毫无牵扯，但这部电影表现了20世纪初几个日本乡下村姑越过野麦岭去缫丝厂做女工的故事，而当年的八卦岭也是机器隆隆的工业区，里面大多数是从农村进城的工人，故事不同，况味相近。

在这个1.6平方公里的地方，也曾留下过我在深圳最初的岁月痕迹。我在这里的工业区办过公，在路边的小摊上吃过夜宵，甚至在不远处体育馆旁的小酒吧买过醉。路灯下长长的身影已然远去，但在记忆里的印痕无法抹去。

啊，八卦岭……

一、八卦岭无八卦

八卦岭，什么时候叫这个名字的？谁也说不清。

第一次看到这个名字，有考据癖的人马上会联想到这是一个有厚重历史的地方，其名深邃，必有掌故。

“八卦”这个词对于喜欢传统文化的中国人并不陌生，既神秘莫测，又莫衷一是。在《易传·系辞上传》中首出此词：“易有太极，是生两仪，两仪生四象，四象生八卦。”最抽象的“八卦”是一个哲学概念，是相生相克的阴阳学说，让人如坠云雾；最具象的“八卦”其实是最早的文字符号，是推演时间、空间的万能工具。所以预测上有“八卦图”，用到武术上有“八卦拳”，用到战场上有“八卦阵”，等等。

八卦岭的名字是因为地形、地貌与八卦相合还是其他原因？究竟是哪个时代启用此名的？又是何人为它命名？翻遍文献史料，查无片言只语，几乎是“零记录”。

另有一个说法，笋岗的北面曾经有过一个“牌榜山”，“八卦”与“牌榜”，按照古汉语的发音规则是同音。因此，“八卦”很有可能是“牌榜”因音讹而得来的地名。我不懂古汉语发音，请教过几位古汉语专家，皆摇头称非，看起来这个说法非常不可靠，只能存疑。

据本地一些老人说，改革开放前这里尚是沟壑纵横的田地，有些小山包上安放着一些“金坛”。所谓“金坛”是客家人二次葬习俗的产物，即将先人埋葬三年后，遗体已化成白骨，捡骨后重新装入陶瓷罐，供奉于小山包上。可见彼时这里是无名之地。

就在我遍查史料未有所得之时，老报人也是纪录片导演的刘深兄给我看了一张图。这是一张民国二年（1913年）的深圳老地图，在这张标题为“沙头”的地图上，清晰地标注了“八卦岭”，可见至少在民国二年八卦岭地名已经存在，这修正了本地很多文史专家关于八卦岭是1980年代初随着改革开放而命名的现代地名的推断。

至于来由，我想也不会太复杂，“八卦”源于此处纵横交错的田埂道路，“岭”则因为此处原为不高的丘陵。改革开放后重新规划的八卦岭，只是顺势延续了它的纵横交错、连阡累陌，从而形成了独特的风貌。

你一走进八卦岭，更会认同我的说法。这里的规划格局与深圳其他的城区迥然相异，四横九纵的街道像棋盘画线一样规整，东西向与南北向垂直相交。“四横”是东西向的四条略长的道路，自南向北依次为“八卦一路”至“八卦四路”，“九纵”则是南北向的九条略短的道路，自东向西依次为“八卦一街”至“八卦九街”，如果从空中俯瞰下来，则更一目了然，地形呈上宽下窄的梯形。如果身处其间，人们常常会迷失在那些相似的八卦阵中。

后来有个香港的风水师和我聊到此话题，依他的说法也许能推测出此处地名的命名根据。

他说世上任何事物皆有“在天成象、在地成形”之理，地名大都将地形地貌与自然生物进行对应，深港二地原本一体，东南面的九龙半岛就如龙脉龙爪直插南海，所以称九龙；深圳河曲折迂回的河道蜿蜒蛇行从西南面汇入大海，叫蛇口；北面的银湖、笔架山、泥岗一带的梧桐山余脉延伸过来，到八卦岭聚集，便形成一个千年灵龟，于是东南面的九龙半岛为龙，西南面的蛇口半岛为蛇，八卦岭一带为龟，龙、蛇、龟呈品字形，屹立在深港两地。八卦岭即为龟象，龟背的纵横街道自然具八卦之形，八卦岭之名也便顺理成章。

不过对于八卦，广东人另有新解，且贬义满满。粤语里的“八卦”指一个人喜欢搬弄是非，热衷传播小道消息，所以人们把娱乐新闻一概称为“八卦新闻”。广东人把好传谣言、爱管闲事的长舌妇称之为“八婆”。

当然，八卦岭，既无“八卦”，也不“八卦”。

二、变形记：从工业区到时尚街

今天我们熟悉的八卦岭最初是个工业区，始建于1980年代初，属于福田区，并与罗湖区交界。

为什么街道与建筑如此整齐划一？原因十分简单，按开发定位这里是个规模巨大的工业区，带着鲜明的老式香港工业建筑的风味，一幢幢的框架式工业厂房高大威猛，货柜车在四横九纵里自如穿行。

早先的八卦岭，是深圳最大的印刷基地，其实也可以说是中国最大的印刷基地，大大小小的印刷厂都群聚于此，包括北京以外仅有的一家可以印刷人民币钞票的国宝金币铸造厂也在这里。据说最高峰的时候八卦岭进驻了1000多家印刷企业，形成了中国首屈一指的印刷产业集群。

几乎国内所有出版设计业、包装业都知道，“中国印刷看深圳，深圳印刷在八卦”。有两个案例足以说明问题：一个是2001年1月，深圳为北京印制了《北京2008年奥运会申办报告书》，打造了中国“申奥”的“钥匙”；另一个是2002年1月，深圳又为上海印制了《中国2010年上海世界博览会报告书》，为中国叩开首次“申博”成功的大门。这两个印刷界要求最高的印刷品都出自深圳的雅昌文化（集团）有限公司。雅昌正是在八卦岭发迹的，他们多次摘取了被誉为全球印刷界“奥斯卡”桂冠的“Benny Award”金奖，至今仍然保持着国内印刷业的翘楚地位。

印刷业的发展，自然也带旺了图书发行业。

和深圳的其他工业园区一样，八卦岭工业区也用数字来给每一栋厂房命名，其中最著名的有两栋楼。一栋是551栋，中国平安保险公司的“龙兴之地”；另一栋是512栋，深圳最大的民营书刊批发市场。

我到深圳的最初几年，在那些灵魂无处安放的周末，最喜欢的去处就是八卦岭512栋“书刊批发市场”。那里可以看到全国各地最新出版的图书，像菜市场里的萝卜白菜一样地堆在地上，这让酷爱读书的书虫子欣喜若狂。能到书刊批发市场买书回家读的人，很多都是推着小推车，一买就是几十本，因为毕竟是批发市场，即便是零售，也能享受着极低的折扣价。这里从对折书到一折书均能买到，就看你和老板的砍价功夫，与在东门服装店里砍价无异。

八卦岭像黄埔军校，很多多年后叱咤商海的老板，都曾在这里摸爬滚打过。我见证过不少年轻书商在八卦岭的成长故事。

这些故事，是深圳创业故事中的一部分，在八卦岭相当平常。

近二十年，八卦岭在“腾笼换鸟”的新发展思维下，脱胎换骨地从一个“傻大黑粗”的工业区蜕变成“花枝招展”的商业物流区，各种海德堡、罗兰机都从八卦岭迁徙出去，寻找新的栖息地。各种花枝招展的新鸟飞了进来，所以，很多人已经忘记了它肇始的模样，这对一个飞速发展的新兴城市再正常不过。这里不再有机器的轰鸣声，书刊批发市场虽然还在，但红火不再，这里也见证了纸质书籍日益边缘化的现实。

今天的八卦岭已经充斥着时装公司、设计公司、IT企业，和深圳最为庞大的玩具产品批发市场。大楼也从单一的灰色过渡到丰富的色彩，每到仲春时节，种在八卦岭大街小巷旁的火红的木棉花齐齐盛开，在蓝天白云下与各种色彩的楼房相映生辉，给这片过于整齐、略显呆板的园区增添了几分灵动的味道。

八卦岭是神奇的，它的神奇在于创造了一个又一个创业神话，而且在给人们提供了足够的精神食粮以后，它还能满足大家不可或缺的胃口需求。

八卦一路的美食街是深圳早期荟萃华夏各地美食的食街，而且是从未衰落过的美食街。有人试着在这条街上，每天换一家饭店挨个吃过去，三个月没吃重过。那年我新来乍到，问一本地朋友去哪儿吃饭方便，他脱口而出“八格牙路”，我吓了一跳，后来才明白他没骂人，“八格牙路”就是八卦一路。

那时候经常困扰吃货们的一大选择题就是“今天去哪儿吃”。拿不定主意吃什么的时候，往往一句“去八卦一路美食街”便立刻会平息纷争。因为在这条街上，你能从岭南一直吃到东北，能从祖国大陆一直吃到宝岛台湾，甚至从国内一直吃到东南亚。无论你是重口味还是清淡控，都能一解舌尖之欲，因为酸甜苦辣咸的各大菜系都在这里等待着你。当然这里的海鲜与河鲜仍然是特色中的特色。2003年以前，在这里还可以吃到各种罕见的野味，各类蛇庄遍布，最著名的是“胜记”，后来人们知道不可食用野生保护动物，自此八卦岭告别了野味，回归了健康饮食。“胜记”也转型专做海鲜与河鲜。此外，粤菜系的“金利龙”、西北菜的“西贝”、潮州菜的“豪林居”都成了金字招牌，成就了“铁打的八卦，流水的食客”。

八卦一路的食街后来又扩展到二路、三路，不单八卦岭一带上班和居住的人喜欢到这里吃饭，许多远在关外的美食爱好者也被吸引过来，从1990年代初至今，八卦岭食街如同八卦路上的木棉花一样红火不灭，并成就了不少老字号和连锁店。

经过了蝶变的八卦岭，依然是很多市民乃至游客的目的地，在这里他们感受到更多的扑面而来的文艺气息，他们更愿意迷失在这样的气息里。

三、八卦岭之缘

八卦岭对我而言，别是一番滋味在心头。

因为我在二十多年前，不单是时常光顾书刊批发市场的顾客，也不仅是流连于众多食肆酒吧的酒客，而意外且必然的是还在这里的写字楼里办过公。

当时我在办一份杂志，叫《影视双周刊》，是市委宣传部主管、用全国刊号的期刊，社长、总编辑刘奇光是市新闻影视中心的主任、著名纪录片制片人，他制作的纪录片《世纪行》《中国博物馆》等都曾轰动荧屏。我是这家杂志社的副社长、副总编辑，负责具体的编务工作，刘主任天马行空地满世界拍片子，制造各种轰动。

1990年代中期，纸媒体最后的黄金时代。虽然在彼时的深圳，文化尚属弱势，但毕竟依傍着各种行业大款，广告、发行还是能够自我生存。杂志的版面可以换来真金白银，如果不能直接兑换成金钱，至少也能折算成实物，比如各种食品和生活用品。有段时间杂志社的纸巾多得用不完，每位编辑都能领到一箱箱的纸巾。在这其中，最奇特的便是能换来办公场地。

当时在八卦岭有家很牛的公司叫先科集团，1992年，邓小平南方谈话时，在深圳视察的唯一国有高科技企业就是先科，中国的第一张激光唱片、视盘、DVD光盘以及第一台激光唱片机都诞生于这家公司。八卦四路上的先科大厦是一座庞大的横亘着的蓝色大楼，集团旗下有个先科娱乐传播公司，当时的总经理是叶大鹰，也是一位有才华的电影导演，拍过《红樱桃》《红色恋人》《大喘气》等。作为影视杂志，我们自然不能错过这样的企业，于是为先科娱乐做了很多广告，当广告费用积累到一定程度时，双方开始讨论用广告版面换办公场地的问题，当时叶大鹰正有几部作品要宣传，于是慷慨地说把他们刚刚装修没多久的一层楼，腾出东边一半给杂志社，曾经在各种写字楼里和业主讨价还价的我们自然求之不得。于是《影视双周刊》在1996年搬进了先科集团四楼，与叶大导的先科娱乐公司比邻而居。

刚搬到八卦岭的同事们，经常会抱怨上班时在“八卦阵”里迷路。但很快大家都喜欢上了这里，因为这里太方便了。这里与其他工业区比较最大的不同就是服务功能齐全，办公大楼鳞次栉比，酒楼食肆“成群结队”，娱乐场所灯红酒绿，能把工作与生活如此天衣无缝地焊接在一起，当时唯有八卦岭工业区了。

多少个夜晚，我在这里审稿校版，当最后写完卷首语时，常常会站在面朝泥岗路的落地大窗前，想着下期又该做什么选题，又得上哪儿“化缘”去，眼看货柜车奔流不息，总会生出一丝“逝者如斯夫，不舍昼夜”的感慨。和几个编辑关灯下楼时，招手上了一辆通宵不停的营运小巴，准备回家，路过八卦一路，看见路边大排档里满是啤酒烧烤，立刻大呼“有落”。大家鱼贯而下，择一摊档，炒几个小菜，搬一箱啤酒，为了新一期杂志付梓碰杯相庆，又开始讨论下一期该怎么做。常常喝到五迷三道时，不知东方之既白。

这样又苦又甜的日子，过了有几年，我离开了杂志社，离开了八卦岭。

此后若干年，只要一回到这附近，甚至一听到这名字，总有一种耳热心跳的感觉。

便会在心里默念一句：啊，八卦岭！

能不忆南园？

深圳有南园，藏在闹市中。寻常看不见，见时惊世人。

这是我多年前写的一首《南园五古》中的几句。对南园最简短的概括应该是“都市里的村庄”。20世纪80年代初有过一部国产电影就叫《都市里的村庄》，说的是上海，但在我看来，深圳才称得上典型的“都市里的村庄”，而南园又是其中最典型的代表。

南园曾经是一个村，现在是深圳的一个街道，建经济特区之初是深圳最早的商务区和工业区，成为首善之区的心脏。

一、南园之南

其实深圳有两个南园村，一个是今天讲的这个市中心的南园，另一个在偏于西隅的南山区。早期来深圳的外地人，因为没有说清楚区域，常会被“的士大佬”送错地方。

这种情况在深圳并不鲜见，同名的村落街道让人头疼。比如，两个向西村，两个上沙村，两个黎光村，两个上寮村，两个岗头村，甚至还有两个盐田村，两个布心村……能数出几十对。也许当年这些同名的村子相距甚远，但城市化急促的步伐一下子让这些村近在咫尺，这也是一种幸福的烦恼。希望重名的村子不会一直这么烦恼下去，地方管理部门终有解决之道。

说回市中心的这个南园。

南园的名字，充满古典诗歌的韵味，很多人会脱口而出李白的诗句"把酒尔何思，鹧鸪啼南园"，范仲淹的诗句"南园万树花，极目春芳丽"，还有五代时冯延巳的词句"南园池馆花如雪，小塘春水涟漪"。很有意思的是，古代关于"南园"的诗歌最多，远远超出"东园""西园"和"北园"。李贺一口气写了《南园十三首》，苏轼写了《南园七绝》，白居易、陆游、韦应物等都写过南园，似乎每个诗人都有一个南园，而在我看来，中国人有南向的情结。大多民居都坐北朝南，除了可以更多吸纳阳光的温暖，还兼有文化心理上的皈依。所以文人笔下有南园，是因为心中先有了南园。

深圳的南园，虽然没有遇到大诗人，但是遇到了改革开放这个好时代。

从史书上可知，自东晋设东官郡以后，南园即已有居民迁入，历经数十代迁徙，至明清时南园成村，人丁兴旺，田陌交错，村民以郑、林、黄三姓为主。

南园村在古代夹于深圳墟与南头所城之间，养在深闺，常被忽略。但20世纪80年代初深圳经济特区建立，南园一下子抛头露面，成为核心城区。它的范围大致为：东起红岭南路与罗湖区交界，西接华强南路并沿滨河路至福田河，北靠深南中路距市委一步之遥，南临深圳河与香港新界隔水相望。

1983年6月经济特区内成立上步管理区办事处（县级），下辖南园、福田、园岭等5个街道。作为福田区的前身，上步管理区在当时的深圳经济特区可谓显地。“上步”之名源于上步村，早在清代康熙年间就已经存在于方志之中。“上步”本应写作“上埗”，“埗”同“埠”，其含义是码头，《永乐大典》在“广府风俗形势”中说：“水谓之步，当是水津。”另有“江之浒凡舟可系而上下者曰步”的说法。上步村位于深圳河北面500米，是在“津”之上，故名上步。而上步村至今确实仍有个上步码头，当然如今也只有码头之名，并无码头之实。我曾经去南园街道寻找过上步码头的踪迹，在赤尾社区，现在还能看到当年码头的形貌，深圳唯一的砂场仍然在运转，还有装修公司或市民去那里采购建材产品。

1990年深圳设立福田行政区，民间有传说，区名在“上步”“福田”之间二选一，当时上步区内还有个下步庙，因为“上步区、下步庙”连起来读便与“上不去、下不妙”谐音，容易让人产生联想，于是用“福田”做了区名，兼有“德福于田”“广种福田”的美好寓意。市委、市政府和区委、区政府均在南园辖区周边办公，可见此处为经济特区心脏无疑。

二、南园之魅

南园早期是作为商业区和工业区开发，所以区域内有新城市广场、岁宝百货、统建楼、深圳乐器城等大型商场，以及巴登街、南园路、爱华路等著名商业街，还有闻名遐迩的上步工业区。

先说新城市广场，它开创了深圳“Shopping Mall”（购物中心）时代，最初叫“中信城市广场”，建筑造型别具一格，在深南大道沿线颇为吸睛。极富特色的水晶宫、时钟柱以及高清晰度巨型户外电子屏等，成为融现代建筑风格与艺术为一体的建筑景观，夜幕下巨大的星光广场华灯璀璨、风动旗幡，煞是诱人，一度成为深圳最美城市夜景。从功能上，它是当时深圳最大的集购物、餐饮、娱乐、休闲、观光为一体的商业综合体，中信集团也在此办公。中信城市广场与毗邻的深圳国际商场，以及本土的岁宝百货、茂业百货一道，引领福田的商贸市场，成为继东门、华强北之后的新兴商业旺地，当时被深圳市主流媒体评为“八大商圈”之一。犹记当年，日本零售巨头“西武百货”和“吉之岛”双双入驻中信城市广场时，人流摩肩接踵，风头一时无两。中信城市广场还与市地铁公司合作，通过地下商业街的形式，与地铁科学馆站和上步地下通道相连，成为便利的地铁商场。2011年经过升级改造更名为“新城市广场”，成为平安集团旗下的大型购物中心。

再说统建楼。我刚来深圳时便被这一庞然大物所震撼。建于1990年代初的这几座超大商住综合楼，是众多机构及个人筹资建设，因为是统一设计、统一施工，故名为“统建楼”。楼上公司林立，楼下商铺密集。曾经有几年，统建楼内有几家二手书店，书价折扣极为诱人，我曾经一次次从里面买走大包大包的旧书，但在旧书店一家家关门之后，我便再未涉足其中，遂成回忆。

南园早期的辉煌固然来自商业、金融、电子，而且成为购物胜地，但这些都不是它的魅力所在。南园真正的魅力来自从商业向文化的华丽转身，深圳市文体旅游局和档案局都曾坐落在南园街道的范围内，这就冥冥中让它近水楼台地与文化有了更便捷的对接。这个转变应该来自十多年前，甚至更早一点的千禧年之后。

因为深圳在2003年确立了“文化立市”的发展战略，整个城市在从经济发展的阶段朝着文化发展的阶段升级，这个富有远见的顶层设计与决策最先影响的也许就是南园。

此后的南园便在文化上开始铆足力气，真下功夫。他们在文化领域创造了不少第一，比如广东省首家街道级非遗馆、深圳首家24小时社区图书馆、深圳首家街道级美术馆、深圳首家敬老摄影工作室、深圳首家非遗图书馆、“非遗在社区”深圳唯一综合试点单位……

深圳曾经面临过历史文化的尴尬，因为建市时间太短，积淀不够，因此在文化的存量上是严重缺乏的。但是广东省首家街道级非遗馆居然建在南园，让很多人大为吃惊。当我来到这个位于南园文化中心的非遗馆时，见到精明强干的街道文化站史巧云站长，这个疑问便被解开。她俨然一个民俗专家向我一一介绍他们的家底，这里有皮影戏非遗传承人工作室，有剪纸非遗传承人工作室，有一大批非遗传承人工作室，而且都不是徒有其名，市民们每周都会络绎不绝地前来馆里看演出、听讲座、学手艺。我曾在南园非遗馆领教过节日般热闹的非遗集市。深圳市非遗保护协会会长蔡劲笋先生曾经感慨地对我说：“本来论非遗的底子，南园不是最厚的，论经济投入，南园也不是最多的，但是他们这批人对非遗的热爱和赤诚，让我感动，所以我不能不把第一个街道非遗馆设在这里，这也是全省第一家街道级的非遗馆。”蔡会长本人就是市级非物质文化遗产项目潮俗皮影戏——代表性传承人，他创立的“南园皮影社”创作了众多受市民追捧的皮影戏，他本人也入选了2022“中国非遗年度人物”100人候选名单，这也是当年深圳唯一入选的非遗传承人。

玉田图书馆在南园街道的玉田社区，看上去貌不惊人，但它是深圳第一家24小时社区图书馆。深圳曾经首开24小时书店之先河，但那是盈利的企业，作为公益性的图书馆，能24小时不打烊，确实说起来容易做起来难。我曾问过南园街道图书馆年轻的女馆长朱航，做这样的图书馆，对你们的人力、物力都是挑战，怎么想起来第一个吃螃蟹的？这位身兼玉田图书馆馆长的女将，朴素平实地告诉我：“福田是首善之区，南园是首善之地，这里的居民理应得到最好的文化服务。图书馆对于人心的滋养是潜移默化的，我们要让阅读像雨丝一样渗透进普通人的日常空间，使阅读成为他们的生活方式，为此，我们辛苦一点是值得的。”我也曾受邀在晚间去玉田图书馆做过讲座，当我看到在夜幕降临的时候，还有那么多的读者在图书馆里手不释卷，不由大为感佩。

南园还有一个创造，就是率先建起了美术馆，就是这个街道级的美术馆，却能举办高水平的画展、书法展，成为南园人艺术熏陶的重要据点。这与画家尹晶华的努力分不开。尹晶华长得像弥勒佛，人物画功底极深，他在传统国画的基础上，又融入了现代艺术的元素。本来小有名气的画家，做自己的创作就可以了，但他却创办了南园美术馆，负起了普及群众美术教育的责任，定期举办画展、书法展，为社区群众开办美术班，开设美术讲座。南园美术馆的展览，不乏知名艺术家的加入。南园的居民经常为自己在家门口能看到如此高水准的艺术展而庆幸。

深圳是“钢琴之城”，家庭拥有钢琴数居于全国前列。深圳钢琴博物馆便位于上步南路的南园乐器城，这里收藏了60多台来自欧洲的古钢琴，音乐爱好者在巴洛克式风格的展厅内，除了欣赏这些最老有300年历史的珍稀古钢琴外，还可以定期欣赏到各种小型室内音乐会。

文化一旦启动起来，便会产生巨大的惯性，这种惯性会让越来越多的文化人被磁场裹挟进来。肖像摄影家张之先便是其中一位。我知道张之先大名其实更早，20世纪90年代初，他在南园最著名的巴登街开了一家川菜馆“八仙楼”，那时候我在特区报做记者，常常过去吃饭。张先生结交“三教九流”，尤以艺术家居多，后来从旁人口中才知道张之先是画家张大千的侄孙，所以虽然是开饭馆的，但不像商人，倒更像文人。果然没几年，八仙楼就倒闭了，艺术家终究不是做生意的料。此时隐藏在血脉中的家族基因起了作用，他的两位叔公张大千、张善子大师对他的影响开始彰显出来。学画是来不及了，年近半百玩起了照相机，摄影是绘画的近亲，半是痴迷，半是疯狂。从1992年开始，张之先拍起了人物肖像，起点高，没几年便跻身肖像摄影名家行列。为文人造像已成为他的品牌，季羡林、叶嘉莹、关山月、华君武等人都成为他镜头瞄准的对象，所以他被戏称为“拍大师的大师”。此外他的荷花摄影也是一绝。他把自己的摄影工作室也设到了南园，在南园这个文化平台上，他为深圳老人免费拍摄人物肖像，并为喜爱摄影的老年朋友提供专业的摄影知识培训。

三、南园之缘

我与南园有缘，它是我在深圳最初的家。

那时我住在著名的巴登街，彼时细节因有专文述及，此处略去。

但我与南园的缘分不止于此。

深圳人曾经最看重的是户口，我来深圳时入户一波三折，两年后方正式落户深圳。落户时第一张身份证上的地址正是南园街道赤尾村。

那时我已搬离巴登街，但搬得并不远。现在细想一下，我在深圳的头几年，虽然搬过几次家，但大都在南园一带，先巴登，后爱华，再赤尾，基本上在一个不大的圈子里转。

为何如此？盖因当时先在特区报社，后办杂志，再去经济特区文化研究中心，都是与传媒、文化有关，而传媒、文化的中心一直在福田，尤其是在深南中路一带，东不过红岭路，西不过上海宾馆。这一带可以视为深圳最早的传媒、文化发祥地。

到了2000年以后，深圳的文化中心开始向莲花山延伸，最终形成了今天福田中心区的文化“金三角”：中心书城、图书馆、音乐厅，而报业集团、广电集团的西进，让深圳的文化带拉得更长，从而形成了文化种子的四面开花。但这已是后话，在我的记忆中，南园仍是如初恋一般的存在。

2021年南园街道重新改造东园路街区，曾邀请我为他们写一个可以“上墙”的文字，于是我写了一篇《南园赋》，并用毛笔字在宣纸上抄出，带有还债的意味。交稿后已经快忘了这事，忽一日，南园街道文化站打来电话，告知文字已刻在一面汉白玉墙上，请我有空过去看看。我有点感动，又有点受宠若惊。

在此将《南园赋》原文附于下，以为记录。

南园赋

瑰丽南园，芳华绝世，居鹏城核心，处福田东南。东邻罗湖，西接华强，南望明珠香港，北达通衢深南。自晋以降，岭南百越聚族于斯；明清诸朝，中原移民纷至开疆。村落渐成，人丁茂繁。清末国运维艰，近代倭寇屡侵，民生凋敝，哀鸿溃漫。建国启元，重整河山。奈何遭逢“文革”，又兼边陲僻壤，经济停顿，百废待兴。幸得改革开放，力创经济特区，汇聚拓荒大军，南园重获新生。辖村有七：曰巴登、埔尾、旧墟、赤尾、向东围、祠堂村、沙埔头，合称上步。数历改制，现辖社区有八：曰巴登、赤尾、南园、南华、滨江、滨河、锦龙、沙埔头。积数百年底蕴，得新风气吹拂。上步股改，先行先试；辖区商户林立，百姓兴家图强。上步校园，书声琅琅。邻里和睦，民生祥瑞，文化南园，妙笔频添。非遗馆皮影翻飞，图书馆通宵达旦；书法院墨香四溢，乐器城雅韵悠扬。辛丑春来早，赋辞记新篇，南园正好景，更待书华章。

二〇二一年阳春三月野秋撰赋并书丹

这就是在文化大道上一路狂飙的南园街道，一个文化的南园。

能不忆南园?

风 雅 观 澜

观澜是风雅的，从名字到风景。

在这里，我们能从古建筑中依稀可辨明清的痕迹；在这里，我们能从阡陌纵横间重温日益远去的田园旧梦；在这里，我们能从客家排楼和耸立的碉楼旁领略古代移民的艰辛岁月……

观澜位于龙华区，现在叫观澜街道，过去叫观澜镇，曾经是宝安县的大镇。临着水波荡漾的观澜河，有一座清乾隆年间的观澜古寺，村人俗称“观澜庙”。距此庙不远便是闻名遐迩的“观澜墟”，清代一度非常繁盛，与东门深圳墟、沙井清平墟、沙头角东和墟，一道成为深圳区域的四大名墟，而目前保留古墟风貌的也仅此墟。

1984年7月，深圳博物馆进行过一次文物普查，在观澜镇东蕃村湾下岭遗址发现了新石器时代至青铜器时代的石铲、石环等石器。同年，在观澜镇武馆村西南发现同时代的硬陶片、釉陶和釉陶豆，其上有精美的几何印纹的图案，这充分证明至少在4000年前，远古的人类已在观澜休养生息、生产生活。

一、观澜的得名

最吸引人的是“观澜”这个地名。

相传清乾隆年间岭南有个风水名师邓坤，从阳台山上下来，赫然看见一条清澈的河流奔腾而下，大赞：“听涛观澜，真正好水”，遂将此河命名曰“观澜河”。

而“观澜”这个词，最早出自《孟子·尽心上》。有语云：“观水有术，必观其澜。”意思是看水是有方法的，一定要看最壮阔的波澜。我想，当年那位邓坤大师脱口而出“听涛观澜”时，也许正想起亚圣的那句话。

另据地方志记载，在观澜得名之前，关于这个地名，还有几种说法。

说法一，观澜原名叫“官难”，寓意无非是“做官难，难做官”。因为在观澜墟建立以前，村民们赶集都到附近的清湖墟，后来，东莞知县派人勘定了观澜墟的地址，此墟恰好坐落于新安、东莞两县之间，而新安县、东莞县各自都在墟内设置了管理机构，于是拉开扯皮的帷幕。两县当官的互相牵制，夹在其中的老百姓便都叫此墟“官难”，饱含讽喻之意，“官难墟”的叫法便这么不胫而走。

到了民国二十四年（1935年），观澜被划为东莞县的一个乡，又多了一个名称：杆拦乡。有一种解释是，民国时期贸易越发繁荣，水运系统日益发达，为方便河道两岸民众的沟通，地方乡绅便在河上建了一座木桥，由于流水湍急，遂在桥上设置了木杆拦住，因此得名“杆拦”。也有文史专家认为“杆拦”系“观澜”一词的误读，民众哪有邓名士那样的墨水，以至于把雅致的名字俗读了。

到了1950年，政府将宝安县与东莞县之间这块扯皮的插花地做了调整，东莞县的观澜乡彻底划归宝安县管辖，这才解决了一桩公案。

二、观澜河与观澜墟

早年的深圳河网密布、水系丰富。

城市如人体，贯穿人体的是血液，倘若没有血液奔流，多么伟岸的身躯都只能萎顿。城市的血液便是水，城市的血管便是河流。

深圳最不缺的就是水，河流把水送到城市的每个神经末梢。

如果从空中看下去，绿色的大地上像蛛网一般密布着300多条大大小小的河流，它们缠绕交织着从山丘、绿地、高楼间蜿蜒穿过，像晶莹剔透的血管一样，让深圳的城市肌体始终充盈着饱满的能量。它们无论从东从西从北出发，方向只有一个：南海。

观澜河与深圳河、茅洲河、龙岗河、坪山河一起构成深圳5条一级河流，成为众多河流的领头羊。它发源于大脑壳山，河长14.95公里。向北流入东莞市，于东莞境内始称“石马河”，继续北流经樟木头镇和桥头镇，汇入东江。

这条河便成为观澜人的母亲河。

母亲河自然是风水地，善男信女们便理所当然地在此建了一间寺庙，即观澜庙。寺庙几经兴废，在清光绪十四年（1888年），当地百姓又重修古寺，于寺庙大门用石匾篆刻着“观澜古寺”和“清光绪十四年”的题记。

百姓来古寺祭拜者日众，做信众生意的服务业便应运而生，茶档酒肆也日渐增多，香火旺盛也带旺了这块宝地，于是墟市便顺理成章地诞生且繁荣起来。

令人唏嘘的是，20世纪50年代，观澜古寺被拆毁改建为厂房，厂房又历经四次火灾，寺内文物被扔进河里，惨遭严重的破坏。而虔诚的原居民把“观澜古寺”的牌匾竖立在厂房边上，继续进行祭祀。现在的观澜古寺遗址，仍保留有三合土夯成的几道残墙，古寺的部分地面，仍保留着石柱础、石柱、青砖等古寺建筑构件。

与古寺破败不堪相比，观澜墟的现状则要好得多，让我们有一丝慰藉。

观澜墟的整体面貌居然历经劫难仍保存完好。这里集中了诸多清中期到民国时期的精美建筑，炮楼、商铺、客栈、民居依然比邻而立。它是深圳唯一完整保留下来的古墟，与焕然一新的东门和另两处荡然无存的古墟相比，观澜墟堪称“深圳近代民俗文化第一街”。

古墟中最抢眼的是一座被人们称为“红楼”的建筑。这座四层高的巴洛克风格的建筑，红色外墙、罗马柱、穹顶式阳台、镂空花砖，在一众传统客家建筑中鹤立鸡群，像一个西洋贵妇人风姿绰约。

在红楼正门的门楣上，镂空嵌着四个楷体大字：公益酒家。此处的“公益”并非今天理解的慈善公益，而是有益于公众的意思。

观澜墟整个街区一纵四横，一条南北走向的观澜大街是主街，四条东西走向的街是：东门街、新东街、卖布街、龙岗顶街，另有临着观澜河的西门街。四条东西走向的街均经观澜大街通往观澜河边，那便是当时的水路货运码头。站在如今已经废弃的码头边，遥想当年这里的繁华景象，仍然让人心动不已。据史料记载，这里是宝安、惠阳、粤北地区的商贸集散地，也是外国商品与内陆商品进出口的中转站。每逢农历的初一、初四、初七都是墟日，从四面八方来赶墟的人会用货物和喧声把这里填满。

三、一座碉楼一卷史

在岭南的建筑中，碉楼是一种独特的存在。

作为客家地区的深圳，这样的碉楼四处皆是。据深圳市文物考古鉴定所研究员张一兵先生的调查，深圳的碉楼在改革开放前还留有上千座，现存的有550多座。据考证，本地年代最久的碉楼建于清朝嘉庆年间，最晚的建于20世纪30年代。深圳历史上曾有1500多个自然村，绝大部分村庄都有碉楼，张先生称中国有条“炮楼文化走廊”，大约西起于川、藏等少数民族聚集区，南至于广东、海南，呈“西北—东南”的走向。深圳地处这个“炮楼文化走廊”的东南端，其数量仅次于开平。但与开平碉楼相比，深圳碉楼出现的历史要更早一些。正因如此，深圳碉楼虽然没有像开平碉楼那样多中西合璧的痕迹，却更多地呈现出汉民族自己的建筑风格与特色。其中深圳炮楼中比较早期样式的那一部分，是我国汉族历史上延续了1000多年的炮楼建筑系统目前仅存的最集中、最大量的遗存，是民族传统文化的重要组成部分，也是民族传统文化特征最重要的表现载体之一。

深圳本土碉楼有550多座，分布在从西边的西乡、沙井直到东部的大鹏半岛，可以说覆盖了深圳全境，而规模最大、保存最为完好的碉楼群有两处，一在观澜，一在龙华街道。观澜碉楼群更为壮观，至今尚存114

座，它们建于清代至民国时期。

在村落里、田野间，一座座碉楼高高耸立，像一座座纪念碑；一座座纪念碑，像一卷卷史书，记载了客家人开疆拓土的艰辛历程。

史书可以变黄，变脆，以致无法展读。但碉楼历经数百年沧桑，仍屹立不倒，让人们穿越岁月的风尘，在南国继续阅读它。

许多人是从姜文的电影《让子弹飞》里初识这种建筑的，从银幕上被它的静默与巍峨震撼。土匪们攻打碉楼，用上了各种武器，但碉楼就是坚不可摧，那种我自岿然不动的姿态让人肃然起敬。电影改编自马识途的小说《夜谭十记》，原小说中并无碉楼，也不在广东，但姜文选外景时，到了广东开平。当他看到梅家大院的碉楼群，他就不想走了，他说："搭什么景啊，你们能搭出这种真正的民国味道吗？"现在看来，如果没有了碉楼，《让子弹飞》肯定会逊色太多。

碉楼，是客家村落的符号，它们居于村口要道，居高临下地环伺着周围，守护着自己的家园。

由于大量客家人从中原一带迁入，他们面临着土匪、兵家和原居民的排外与攻击，为求自保建起了围屋与碉楼，聚族而居。围屋用于居住，碉楼则成为防守的堡垒。碉楼其实是学术界的命名，民间常常习惯把碉楼直接称为"炮楼"，这就更加明确地指证了碉楼的功能。碉楼一般高为三五层，最高为八九层，修建楼层越高，越便于瞭望；碉楼的墙体远比普通的民居厚实坚固，不怕匪盗凿墙或火攻；碉楼上部的四角，一般都建有突出悬挑的全封闭或半封闭的角堡（俗称"燕子窝"），角堡内开设了向前和向下的射击孔，可以居高临下地还击入侵之敌；同时，碉楼各层没有窗户，而在墙上开设有射击孔兼瞭望孔，因此开口均小于民居的窗户；而且都有铁栅和窗扇，外设铁板窗门，各层射击点形成楼内居民的立体攻击点，攻守兼备，易守难攻。

《儒林外史》第43回里写到苗民造反，汤镇台攻打苗民首领别庄燕时，也曾犯难地说："他踞了碉楼，以逸待劳，我们倒难以克期取胜。"可见在冷兵器时代，武器精良的官家，面对苗民的碉楼一筹莫展。即使进入火枪时代，在碉楼上傲然睥睨地防守，亦让进村之敌甘拜下风，临阵退却。

碉楼的主要功能自然是军事，但在和平年代也往往成为民居，族人可以住进里面，有些成为宗族的祭祀点，甚至用作仓库。碉楼内每层楼板都是木质的，楼梯沿四周墙壁拾级而上。

走进今天的观澜古墟，赫然可见一座"成昌楼"鹤立鸡群于东门街的一排古旧建筑中。成昌楼建于民国初期，又被称为文昌古碉楼，楼高30米，共8层，是目前古墟中最高、最醒目的建筑。楼顶护墙外装饰着一圈黑红双色彩带，像巨大的冠帽，四面各设两处"口"形瞭望孔，东西两面各设一鱼形排水口，西北角、东北角各设一瞭望台。碉楼的东面墙体上仍清晰可见密集的坑洞，那是在抗日战争时期东江游击队与日军作战时留下的弹孔，斑驳的历史遗痕里隐藏着多少热血与悲壮！

而要论观澜最老的碉楼，则当属桂花社区庙溪老村的文秀公碉楼。此楼建于清嘉庆或道光年间，距今约有200年的历史，曾被称为"宝安第一碉楼"。它外表看起来与观澜其他碉楼并无不同，但整体散发着更加古朴雄拙的沧桑感。桂花社区村史文化研究专员陈志彪介绍，此村原居民以陈姓为多，修建的碉楼就以陈氏族长的名讳命名。"文秀"是族长名，"公"是敬称，文秀公碉楼代表着族长的身份。

这些碉楼，讲述着从清至民国的历史，也成为众多离乡者回溯寻根的节点符号。

一座碉楼一卷史。

那一座座矗立百年的碉楼，它们守候苦难、守候严寒、守候风雨，也守候希望。它是客家先辈种在这里的一个梦，从未动摇的梦。

这些遗落在村口和田野里的碉楼群，是耸立着的凝固的乡愁。

四、画韵与书香

观澜版画村早已为人熟知，但很多人想不通这个村为什么与版画结缘?

只要提到一个人，我们就释然了。

陈烟桥，中国的第一代新兴版画大师和美术教育家，1922年生于观澜镇牛湖村。20世纪30年代在鲁迅先生周围，聚拢过一批青年版画家，以鲁迅为首掀起了“新兴木刻运动”，当时20岁出头的陈烟桥便是那批画家中的一员，并深得鲁迅先生赏识，《鲁迅全集》里收录了与陈烟桥探讨版画的信件12封。陈烟桥的版画《天灾》《受伤者的呐喊》和《投宿》等，曾入选巴黎“中国之新艺术展览会”，在当时的美术界产生极大影响。鲁迅逝世前11天，留下了生前最后的照片，也是我国版画史上极具里程碑意义的一组照片《鲁迅先生和青年木刻家在一起》，照片中坐于鲁迅对面的青年便是陈烟桥。

虽陈烟桥人已不在了，但他的故居仍然完好地保存着，这个典型的客家排屋由他的祖父陈登谋在清末民初建成，成为风光优美的牛湖村一景。

2006年3月，当市文联和市美协策划活动——“画家笔下的观澜”时，画家们在纵横交错的客家排屋和碉楼间穿行，一个打造“版画村”的灵感在他们脑中闪现，这样的想法既富有历史感又充满浪漫色彩。

深圳的想法恰好与正为版画发展寻找突破口的中国美协一拍即合，于是，观澜版画村的构想迅速推进。这和当初香港画商黄江与大芬村的偶遇截然不同，观澜版画村从一开始就具有某种文化战略的自觉。经过了改革开放之初的经济型发展，深圳已经形成了向“文化+科技”型城市提升的内在能力，一切经济发展的成果都为了促进城市人文环境与辐射力的改善与强化。

第二届中国（深圳）文博会上，中国美协与深圳市签订了《关于创建中国·观澜版画原创产业基地的合作意向书》，计划在未来几年内把观澜建成集版画创作、生产、展览、销售于一体的国家级版画产业示范基地，占地面积达32万平方米。

观澜版画村从一开始就把原创、收藏、展示、交流、研究和产业开发作为目标，中国唯一的版画学术刊物《中国版画》、唯一的总结性年度专业刊物《中国版画年鉴》都在深圳落户。在当时深圳大学拥有全国唯一的版画史论硕士点。同时，与版画相关联的印刷业也是深圳的龙头产业。艺术与产业的结合，带来了版画村的勃勃生机。

离牛湖村不远的坳顶村，还有一座五层高的碉楼，叫“保兴昌”，据说民国时是一个钱庄，也就是银行的前身。

现在这座碉楼和它身旁的几栋客家老房子，是一座民间图书馆：1510图书馆。这座图书馆很低调地隐藏在斑驳的村庄角落，但它的故事却很传奇。

让这座几近废弃的碉楼和民居重新活起来的人叫丁友江，是一个警察，别人都称他为“丁Sir”。他看上去是个粗放的人，内心却很柔软，偏爱收藏旧物件，对旧书尤有感情。据他回忆，当初他发现这个与垃圾场无异的地方时，便有了改造的冲动。他一砖一瓦地收拾，硬是把五层高的空筒子炮楼装修成了宫殿一样的场所，让“保兴昌”恢复了昔日“保地保人兼保物，兴人兴量自兴昌”的尊严。而那几栋破败的老房子也被收拾出来，成为即将化为纸浆的二手书的仓库。1510图书馆是纯公益的图书馆，丁Sir开着自己的皮卡车，从废纸收购站把旧书一车一车地买回来，然后再无偿地供大众借阅。他用“求抱养”的方式鼓励青少年和他们的家庭一起来阅读，每到周末、节假日，这里充盈着大人与小孩的笑语欢声。

1510图书馆没有领工资的工作人员，有的只是义工，而且大多是母亲。观澜街道义工服务队的陈三梅、开牙科诊所的刘晓玲、体育教师李慧敏、龙华刑警严余银等，都是1510图书馆的铁杆义工，只要一声召唤，立刻无条件上阵。

时光荏苒，不知有多少家庭从1510图书馆借走了一摞摞的书，这些书像放飞的鸽子，带领孩子们在知识的蓝天上翱翔。

观澜的风雅不仅在名字上，也在骨子里。

观澜的风雅不仅在古墟繁盛，也在碉楼焕新。

观澜的风雅不仅在岁月悠长，也在画韵书香。

桂庙，不与青春作别

名字叫桂庙新村，其实是个有点年岁的老村。

这个村有很多名号，诸如“深圳最小资的村”“深圳学历最高的村”“深圳最干净的城中村”……

之所以称之为“新”，一是深圳经济特区建立后，这里重新焕发了生机，成为南山的一块亮眼招牌。二是这里是全市居民平均年龄最小的村落，虽然深圳一直被称为“年轻的城市”，但毕竟每个村子居民的年龄结构都由老中青组成，而像桂庙新村这样在校大学生占压倒性多数的居民构成，也是少见的。

不是之一，而是唯一。

一、桂庙何处可折桂？

桂庙的名字极容易让人产生文学想象，因为在古代文人眼中，桂花常常被喻为“隐士”“仙客”，所以一直被不厌其烦地吟咏着。白居易的《忆江南》里有“山寺月中寻桂子，郡亭枕上看潮头”，李清照在《鹧鸪天·桂花》中更是不吝褒奖其为“何须浅碧深红色，自是花中第一流”。至于王维的“人闲桂花落，夜静春山空”，更是常被骚客挂在嘴上。

可惜，桂庙与桂花无关。如今无论你如何在村中搜寻，也绝无折桂之处，在历史上也从来没有种植桂花的记载。

因为，桂庙本来就不叫桂庙，也正因为有个“新”字，让很多人误以为是新时代的产物。其实查地方志得知，桂庙新村乃是南山最早立村的村落之一。立村于元末，叶氏先祖禹山携三子秀松、秀柏、秀梅自广东南海迁入，在此开基立村。后来，秀松、秀梅迁居他处，秀柏扎根于此，经数百年开枝散叶，至清代即已人丁兴旺了。

相传，村民在清代修庙时，从地下挖出一只神龟，认为此为祥瑞之兆，遂为此龟建了龟庙，供奉神龟于上，村名也易为“龟庙”。因“桂”与“龟”同音，且多一分雅致，后更名“桂庙”。

桂庙建村后，经历了两次大的迫迁。第一次是清康熙年间的“迁海令”，当时深圳绝大部分地区都在迫迁范围之内。第二次是抗日战争时期，日军在桂庙修建机场。1938年11月，日军攻占宝安县南头城，宝安沦陷。日军占领宝安后，企图把宝安作为攻占香港乃至华南地区的战略基地，先后修建了3个军用机场，其中桂庙机场规模最大，可泊飞机30余架。桂庙机场周围壕沟环绕，有碉堡5座，高射炮10门，机场工兵130余人，并配有一个连的机动部队，原桂庙全村村民被强迁至附近的栗树村(即今天的桂庙新村)。抗战胜利后，部分村民迁回到原桂庙村，一部分村民则选择留在栗树村安居乐业，并将栗树村改名“桂庙新村”。

桂庙如今已无龟庙，尚有“叶氏宗祠”，三开间二进，为清式建筑，近代重修，每年腊月三十，叶氏村民均在宗祠祭祖，港澳叶氏宗亲均汇聚于此，礼炮齐鸣、香火弥漫，盛极一时。村里除了叶姓，第二大姓是梁姓。

桂庙新村位于南山区学府路和白石路交界处，清代属新安县典史管属。“典史”是县官的副手，虽不入九品，但仍是朝廷命官，大约相当于当今的副处吧。民国时期，桂庙新村属宝安县第一区。现隶属于粤海街道粤桂社区。在20世纪末以前一直叫“桂庙村”或“桂庙居委会”，2001年桂庙居委会与粤海门居委会合并，各取一字有了新名“粤桂社区”。

桂庙虽与粤海门合并一处，但桂庙新村世居村民为广府民系，讲粤语白话；粤海门世居村民则为客家民系，讲客家方言。一村二语，相安无事。

二、深大的浪漫“后花园”

谁也想不到，桂庙新村的再度扬名，与一所大学有关，这便是经济特区的第一所大学：深圳大学。

从深大还在图纸上起，这个村便与这所高校结下难解的缘分。

1983年初，正在如火如荼建设中的深圳，向国务院打报告要求成立大学。这在当时看来有点天方夜谭，一个还在雏形中的城市，居然要新办大学，一些闻言者不无调侃地说：“经济特区就是胆大。”

胆大的经济特区，收获了意外的惊喜。

1983年1月22日，深圳市正式提交申请报告，5月10日，教育部批示：增设深圳大学，设16个专业，同年部分专业开始招生。从提出申请到教育部批示，前后不到4个月时间。而且当年审批，当年招生，绝对又是一个“深圳速度”。

大学是批下来了，但校址设在哪儿呢？当时南山粤海这一片临海的土地，桂庙新村的110亩土地被征用来建设深大。换句话说，桂庙新村摇身一变成了“大学村”。

深圳确实是拼了，当时的全市财政收入刚到一个亿，市委开会决定拿出5000万元来建深大，这个数字在今天看来微不足道，但在当时已经是天文数字了。当时市领导的名言是：“卖掉裤子也要把大学建起来！”深圳还挖来了清华大学党委副书记、建筑家罗征启做校长，这位梁思成、林徽因的高徒，带着同样是建筑家的夫人梁鸿文教授，踏遍这块土地，一笔一画地画出了深圳大学。

1983年9月27日，深圳大学成立大会和开学典礼在一片惊讶中隆重举行。新校舍自然是赶不上了，典礼在东门“深圳戏院”隆重召开，首批录取学生218名，包括港澳学生。学生们上课借用的是市电大的教室，电大在如今的地王大厦后面，现在是“深圳改革开放干部学院”。

建成后的深圳大学与桂庙新村相互倚靠，所以深大学生对桂庙新村的感情极其深厚，因为毗邻深大西门，曾经一度被深大租用为学生宿舍。这里有一栋又一栋的深大学生宿舍，最多的时候桂庙新村有近30栋深大宿舍，最高峰时住了多达7000名深大学子。

所以这里理所当然地成了深大的“后花园”。

很多学生的一天是这样开始的：早上七点，从桂庙新村的“桂8楼”或“桂×楼”下楼，在楼下的小吃店里要一份价廉物美的肠粉，再来一杯热气腾腾的豆浆。吃完早餐，一路小跑着向深大西门奔去。上完一天课，还要上晚自习，但无论多晚，都必须赶在零点以前从西门穿越回桂庙新村。因为零点西门会被锁。每天夜里接近0点，都可以看到这样的场景：莘莘学子夹着书本、背着电脑包，以百米冲刺的速度向西门冲锋，赶在铁门关上的最后时刻越过门线，一脚踏入桂庙。

踏入桂庙的学生会松一口气，因为村里飘过来的烟火气会让他们立刻驻足，紧张了一天的节奏立时缓慢下来，他们开始向各自心仪的美食小店移动，嗅觉引领着他们。“龙哥酸辣粉”“老地方盖浇饭”“张妈台式锅烧”都会让他们留下来宵夜，女生则更钟情于奶茶店、咖啡屋。

已经成为前海港湾学校初中语文老师的华玉洁，对这样的日子记忆犹新，当时她在深大文学院读研究生。她满含深情地回忆她的三年时光：“毕业已10年的我，常常追忆在深大的日子，昨天带着年过八旬的外婆和妈妈重温了深大的旧时光，深大依然很新，杜鹃花很艳丽。超越时间与空间，桂庙存活在心间的是一片温情。如果深大缺了桂庙，便少了许多人间烟火气。犹记得郁郁葱葱几百年的大榕树、庄严的大祠堂、深夜食堂、西部创意园，各种琳琅满目的格子铺、甜品店、百货店，夜间各个烧烤摊位开始热闹非凡，卤菜摊前排着长长的队伍，“清远鸡煲”“重庆鸡煲”“东北饭店”“潮汕口味”……来自五湖四海的学生们在此找些家乡的感觉，清晨暖胃的‘威记肠粉’，午间‘百姓渔村’，夜间各种小吃，陪伴了多少人的青春，有很多人忘不了这里的美味、人情味、浓烈的青春味。深大味道总是和桂庙深深链接，有美食和同学朋友的陪伴构成青春最美的回忆。”

“华玉洁们”的桂庙记忆，是他们对那个活色生香的青春现场的留恋。他们在村里的觅食也许只是表象，他们的欢笑、交谈、嬉闹让他们驱散走挥之不去的孤独。桂庙不但是深大学子的“第二饭堂”，更是他们的精神充电站。

有些学生毕业了，工作了，但仍然租住在桂庙新村，他们不忍与自己的青春作别。

三、今晚不如唔好走

因着深大学生的关系，桂庙新村的很多建筑物的外墙上都有各种涂鸦，具象的、抽象的，五颜六色，使得这里充满艺术气息。

其中最引人瞩目的是这一条：“今晚不如唔好走”，很多人会在这面墙下留影。

这是一句粤语，曾经在港产片中被青年男女一再重复，翻译成普通话只要改一个词就好懂了：“今晚不如不要走。”这本是恋人间的一种挽留，含着不舍与珍惜。如今，这句带点温暖又带点感伤的标语，恰好可以概括当下桂庙人的心绪。

因为桂庙新村已开启拆除重建。

“拆除重建”的传闻已经飘荡了将近10年，对于深大的学子们而言，他们一直不愿相信这个美丽的村落会真的被拆。尽管许多建筑上大红的“拆”字已经陪伴他们多年，但他们不相信这一天真的会到来。

在《2015年深圳市城市更新单元计划第三批计划》中，政府对桂庙新村正式提出新的规划。2016年桂庙新村被列入深圳城市旧改，2020年11月关于桂庙的旧改方案公示。2023年元旦当天，村里贴出了限期搬迁的“最后通牒”，一切都木已成舟。

虽然在这中间，消息几度反转，甚至还一度传出过“不拆了”的美好谣言，但在2024年春节过后，随着挖掘机等大型机械的入场，桂庙新村的一栋栋楼房开始倒下，一个个租住者陆续搬离，那些承载过深大学子浪漫回忆的场景也将一个个消散。曾经那些夏日的夜晚，街上来来往往的人影，街灯的光影把时间拉长的错觉，一切都将不见。那些在桂庙新村里拥有过的很多廉价而纯真的快乐，10块钱的奶茶，20块钱的螺蛳粉，也都将随着建筑的倒下而远去。

原来的桂庙，也许不复存在，但属于深大学子的这份独家情怀，却永远不会销蚀，那些无限美好的青春岁月和青涩的爱情、纯真的友情都不会流散。桂庙新村会像白石洲、大冲村以及更多的城中村那样，走进深圳的历史，乃至走进永恒的深处，成为深圳的都市传奇。

当然，桂庙新村这个面朝深大、背靠腾讯的老村，也将迎来重建，即将面临它的又一次涅槃。

人们除了失落，还有对它的期待。

按照新的规划，旧改完成后的桂庙新村，将会变成一个综合性居住区，除了向空中发展的住宅楼，还有大型的商城、酒店、写字楼，也有更多的文体场所。

曾经让喜爱读书的青年人一再光顾的“深大人旧书店”，也许还会回来。因为深大还在那里，所以深大学子也会回来。也许这就是人生，仿若一列火车，“哐当哐当”地朝前奔驰，一站又一站，有人下车有人上车，从绿皮火车变成了内燃机车，再变成高铁。乘客会变，风景会变，但前进的方向永不会变。

此时想起李白的诗句，仿佛专为桂庙所写：“安知南山桂，绿叶垂芳根。”这个坐落在南山的桂庙，历数百年沧桑，浓荫华盖、根深叶茂，会为越来越多的人带来生机与希望。

去石岩寻找浪漫

我刚来深圳的时候，是1992年，那时候从深圳去宝安叫“出关”，需经过边防检查，在检查站两边是铁丝网隔开的两个“世界”，一个是“关内”，一个是“关外”。其中从西丽出去有个白芒关，出关便到了石岩，会看见那座深圳西部最高的阳台山。彼时做记者，常常在出关前会调侃一句：西出阳关有故人。

那时节奏太快，和我一样，很多人都与石岩擦肩而过，少有驻足停留的，但是这些年步履开始慢下来了，走进石岩的人也就多了。一旦走进阳台山、石岩湖、浪心古村，爬爬山，走走村道，再泡个温泉，你便会发现你曾经错过了很多。

一、乌石岩大有来历

石岩的名字很硬气，容易让人产生苍凉、洪荒的直觉，其实这里秀水青山，一派葱绿。

石岩的名字确实与石头有关，而且是“乌石岩”，也不止一块，原指境内的一座大石洞，该石洞由三块巨大而乌黑的石头天然搭建而成。

所以，石岩最初的名字叫乌石岩。

康熙《新安县志》载有传说：“乌石岩，在阳台山之下，内有石岩三面，东缺一面；顶上有大石，堪作墙。乡民祝曰：‘唯愿此石，可补四面，周围无缺矣。’是夜神助，即移石补足，补石痕犹在。”

中国是从来不缺传说的，官家记载的传说自然高大上，民间也有自己更接地气的传说。据说，在很久很久以前，有位神仙领玉帝圣旨到了此地巡查，见这里山地荒凉，众生难饱，顿生怜悯，于是施展仙术，垒石造田，撒籽种粮并遗下一处巨大的乌石岩。老百姓发现只要在石上敲三下，石缝里便有米流出来，凡上山砍柴劳作或路过又腹饥无着落的人，均可用碗接米作炊。于是乡民趋之若鹜，但这乌石岩有灵性，每次只给取米者够食的量，多取则断流。后遇一贪婪者嫌米流出太慢，于是试图将乌石缝隙捅大好用桶去接米。由于用力过猛将石缝捣穿，大米哗哗流出，贪心者满心欢喜地挑了一担米回家了，但回家后这生米却怎么也煮不成熟饭。自那以后，流米的乌石缝就再也不见米流出来了。

乌石岩彻底征服了乡民，大家在此建起了“乌石岩庙”，香火一直很盛，直至如今。

乌石岩庙，又称“慈石古寺”，寺内有观音塑像，创建莫考，光绪二十五年（1899年）《重修慈石古寺碑记》记载该寺“宝安胜地，乐利名场。状古岩奇，雅推仙迹，寺所由来久矣”。

乌石岩庙的香火不是一般的繁盛，四乡八镇的人们都来朝拜，逐渐形成一个商业中心。由于佛寺的公共属性，寺庙人员流动量极大，明清形成了“因寺立墟”的习惯，“乌石岩墟”便也应运而生，清嘉庆《新安县志》卷2“舆地略·墟市”记载为“新增”，可见该墟当成立于嘉庆年间（1796—1820年）。乌石岩墟地处南头、龙华、公明交界，连接珠江口和阳台山山区，是渔货和山货交流的集散地。乌石岩墟建立之后，石岩成为新安县的西北商业重镇，与南头城行政中心在西部遥相呼应，风头一时大盛。

石岩如今是宝安区的一个街道，过去历经公社、乡、区、镇等建制，曾经先后隶属于番禺、博罗、宝安、东莞、新安县管辖。此地原居民以客家人居多，客家话为主，也有少部分广府人，故白话也通行。

石岩客家山歌经久不衰，已有300多年历史，是广东省非物质文化遗产保护项目。

值得一提的是，抗日战争时期，石岩还是重要的抗日据点。日军攻入宝安后，在石岩境内与抗日游击队爆发过几次激烈战斗。乌石岩庙是东江纵队的联络点，一度做过临时指挥部。当时的住持是中共地下党员陈冠修，法号“慧清”，他以僧房为据点，秘密翻译印刷共产主义宣传资料，传播革命思想，发展地下组织党员，同时搜集传递敌军情报，建立中共地下秘密联络站。后来在一次战斗中，这位红色住持不幸牺牲，庙旁的斋房被炸成一片废墟。神奇的是，乌石岩庙却毫发未损，人们在祭拜神灵的同时，也向这位民族英雄秉烛礼赞。

二、阳台山的魅惑

阳台山，论高度在深圳排不进前三，但因为它坐拥“深圳八景”之一的“羊台叠翠”，所以知名度除了梧桐山、莲花山等以外，往往要高于其他山，足可称为深圳名山。

说起阳台山，首先便是它的名称之辩，究竟是“阳台山”还是“羊台山”？也许因为深圳八景的名头太大，所以一般人大多数只知羊台山，阳台山的名字是2020年之后才改过来的。其实准确地说，这次改名应该叫“复名”。

因为在古籍上大都称“阳台山”，在地方史志上的记载最早要追溯到明朝，明天顺八年（1464年）《东莞旧志》记曰：“阳台山在县西南一百二十里。”这里的“县”是指东莞县。当时的东莞县，包括现东莞市、深圳市的大部分地区和香港特别行政区。明万历元年（1573年），新安县（深圳市的前身）才从东莞县析分出来。据此计算，阳台山的名称至少已经有560年历史。

再深究一步，阳台山与“阳台”何干？早在明嘉靖四十年（1561年）的《广东通志》中便道出来由：“西南五里曰阳台山，山巅之南稍平，形若几案。”古人把山南水北谓之阳，“山巅之南”是“阳”，“形若几案”是“台”，这就是“阳台山”得名的由来。中国古代对山的命名很多都源于山形，诸如层出不穷的笔架山、马鞍山等均如此。

至于“羊台山”的说法，盛行只有几十年。据宝安区史志办研究人员陈海滨考证，“羊台山”首次出现在一幅意大利传教士绘制的地图上，那幅1866年的《新安县全图》（*Volonteri Map of Xin'an County* 1866，出版社是德国莱比锡的F.A.Brockhaus），不难推断，洋人是根据读音把“阳台山”误为了“羊台山”。但因为此图流传不广，影响很小，“羊台山”这个名称很少出现。陈海滨通过查阅宝安区档案馆的档案，发现从1961年开始，“羊台山”一词开始在官方文件中出现，如“龙华公社羊台山生产大队”等。此后，“阳台山”与“羊台山”开始混用，也许是因为书写方便，“羊台山”逐渐成为主流。直到20世纪八九十年代，编纂《深圳地名志》，以及2004年被列为新“深圳八景”之一，名为“羊台叠翠”。至此一锤定音，羊台山成为定名。

但随着深圳越来越重视传统文化建设，恢复500多年旧名的呼声越来越高。深圳图书馆特藏文献部副主任肖更浩说，据他了解，因为之前有人为“羊台山”编了一些不太靠谱的传说而且广为传播，为了防止以讹传讹，深圳地方历史文化学者大多主张“羊台山”恢复名称为“阳台山”，以为之正名。他还认为“石岩的本地老一辈居民，他们是客家人，当地客家话习惯叫‘羊蹄山’，粤语中发音与‘阳台山’或‘羊台山’相近，可能也是误读的原因”。

2020年1月16日，深圳市规划和自然资源局发布了《关于征求恢复“阳台山”地名意见的公告》，正式启动了阳台山的复名，并最终恢复原名，从中可看出，地名中的历史传承与文化内涵正在获得越来越多的共识。

拨开各种历史谜团之后，显出真容的阳台山，着实是座美山，海拔587米，山体横跨宝安区的石岩、龙华区的大浪、南山区的西丽三个街道，犹如仪态万方的睡美人。有大阳台山登山览胜区、小阳台山森林游览区、南山林果观光区、大围肚野营区、罗租山休闲娱乐区、冷水坑科普教育区等景区。阳台山瀑布是一大景观，这里并非一处，而是由十多处组成的瀑布群，从高山垂挂而下的“白练”，喧腾着溅起水花，水汽氤氲，气势不凡，一年四季，从不停歇。

阳台山登山节是中国十大登山节之一，自1997年举办以来，已成功举办了20多届。每到重阳节，男女老少便争先恐后地从各个方向登上这个深圳人的大阳台，俯瞰脚下的热土，眺望远方的大海。

三、石岩湖温泉与浪心村古韵

山色必欲湖光衬，有了如此精彩的阳台山，怎可缺少波光粼粼的湖水？于是，有了石岩湖。

石岩本无湖，因为1960年建了石岩水库，方天降此湖。所以，石岩湖实乃水库也。而且是深圳第二大水库，它与不远的第一大水库铁岗水库一道，成为深圳人的大水缸，养育着西北部一半的深圳人。

石岩湖除了一碧万顷的波涛，最吸引人的大概就是它的温泉了。

石岩湖畔有个赫赫有名的石岩湖度假村，早在改革开放之初，便有大批港人慕名前来泡温泉，有些泡着泡着就到这里投资了，从港人泡成了港商。足见此温泉的神奇功效。

石岩湖的温泉来自紧邻玉律村的古泉。

清初学者屈大均在《广东新语》里说道：“新安有汤井，在玉勒村，秋冬常有烟气。”这里的烟气，指的是温泉的蒸腾热气。玉律古称又叫作玉勒或药勒，可见玉律温泉自古就闻名广东。

明天顺《东莞旧志》载：“汤泉在黄金洞之北，药勒（玉勒）村前，乡人以为烹潭之所。”清康熙《新安县志》载：“汤井，在玉勒村，水温暖如汤，能疗疮疾；秋冬，泉有烟气，海防周希尹命砌以石。”周希尹是明朝的广州府海防同知，是位海防武官。明万历九年（1581年），周希尹率兵追剿海盗路经新安时，听闻此处有温泉，遂率人来此一探究竟。他亲见湖水温暖如汤，马上意识到要加以保护，便命人在泉眼四周筑石成池，成为“汤井”，也即汤池。

而旧“新安八景”中就有“玉勒汤湖”，这也是迄今为止深圳境内唯一的天然温泉。据史书记载，此处温泉在宋朝便有，因此当有千年以上。

玉律温泉汤池里的水温在40℃上下，核心区的泉眼水温可达60℃。

玉律村里的人常年取泉水泡脚，据说连感冒的人都很少。前些年，有专业机构前来检测过，测出玉律温泉的水中含有众多对人有益的矿物质，富含硫与偏硅酸，还有锂、镁、钙、锰、碘、硼、溴、氟等20多种矿物质和微量元素，具有康体健身的功效。

玉律村的温泉养在深闺人未识，却在石岩湖度假村大放异彩，成为深圳改革开放初期招商引资的利器。这是祖先的荫德，后人们感受着来自前人的温暖。

石岩如今很时尚，它的古老主要集中在蕞尔小村，浪心古村便是代表。

浪心古村，大隐隐于市，就藏在石岩最繁华的宝石南路旁边。

从闹市踏进村落，仿佛一脚走进历史，斑驳的老墙，凹凸的石板路，加上墙角的青苔，让人恍惚穿越回去，喧嚣尽褪，宁静顿生。

查史料得知，浪心古村始建于清代早期，至今有近300年历史。现存建筑大部分为清代中晚期建筑，建筑风格为典型的广府式排屋，坐东向西，排列整齐，每两列房屋中间由宽约1米的小巷相隔，其中前三排保存最好，屋顶上壁画和浮雕依然清晰可见。其民居建筑风格多样，屋脊、山墙、门额等处装饰有灰塑或壁画，内涵丰富，为研究广府民系文化提供了珍贵的实物资料。

村子里有祠堂、书室、民居、碉楼等，均呈原貌，难得的是仍在使用。老房子只要还有主人，就依然有生命。

最让人叹服的是，村里的沟渠、下水道排列整齐，历数百年寿命的排水系统仍然完善，至今还在发挥作用。

黯然内敛的古村，坚守着一方水土，静默地注视着周遭热闹、嘈杂的街市。它与它们平行，并不对抗。也许它知道，消失的那天应该不会太久远，但它依然保持着一种高贵的缄默。

离开古村，走不太远便是应人石村，从村名一望而知，这又是一个与石头结缘的所在。这个村落明末清初便有了，因刘氏祖先自梅州兴宁南迁至此开村立业，繁衍发展。

应人石也藏着一个动人的故事。相传阳台山下曾住着一对贫贱夫妻，丈夫叫刘善，妻子叫张勤。同村的好色财主垂涎刘妻的美貌，为将张勤占为己有，设计强迫刘善去毒蛇猛兽出没的阳台山深处采长生不老药。夫妻分别前约定，妻子每天傍晚到山脚下呼喊丈夫的名字，均能听到丈夫隐约的回应，日复一日。财主深知丈夫回不来了，欲行不轨，妻子坚贞不从，冒险去山中寻夫，寻到阳台山山顶，发现一块人形石头，原来回应她的便是这块石头。后来全村人发现夫妻俩均未回来，便到山上找他们，在山顶只看到两块人形的大石头相对而立，呼之也有回应，人们称之为应人石。

这个有点悲情的故事，让石岩不再是一个坚硬的地方，而有着某种让心柔软的深情与浪漫。

现在，每到周末，都有很多情侣去阳台山，他们能找到那份失去已久的深情与浪漫吗?

壆 岗 纪 事

我敢打赌，“壆岗村”这个名字是深圳最生僻的地名，没有之一。

因为除了本地人以外，几乎鲜有人能正确地读出它：壆，读作“bó（音同博）”。“壆”字，在岭南方言中意为“田埂、田基”。因当年此地有一条绵延的山岗带，形似一条高高的土壆，而村落依山岗而建，故得名“壆头”。清康熙《新安县志》中有“壆头村”的记载；到了清嘉庆《新安县志》中，开始出现了“壆头岗”的称谓；直至民国十三年（1924年），“壆头岗”正式改称“壆岗”，属宝安县第四区管辖。今称宝安区沙头街道壆岗社区。

村名虽然生僻，但村史却骨肉丰满。走进壆岗村的昨天，那些尚未褪去色彩的故事，无不让人感慨不已，血脉偾张。

一、迁居开基

壆岗村原居民大都姓陈，尊南宋理宗驸马陈梦龙为开基始祖。

陈梦龙当属南宋抗元英雄，汕头人，宋开庆元年（1259年）考中进士，娶宋理宗女儿赵氏公主为妻，授轻车都尉驸马。陈驸马的最大功绩是在得知文天祥被元军所俘后，仍不畏强敌，率九百残兵奔赴海门解救，终因寡不敌众，全军覆没，战死于海门湾海堤之上。

如今壆岗村原居民，便是陈梦龙之七世孙陈宗顺率家人自沙井辛养村迁居而来，彼时在明朝初年，至今650余年矣。

其实，据史书记载，在陈氏后裔迁居壆岗之前，这里曾经拥有一个优雅的名字：渡溪。大约因其几面均有溪水环绕，渡口甚多。这个名字一下使人想起古诗里的句子，最著名的就是北宋王周的那首《渡溪》："渡溪溪水急，水溅罗衣湿。日暮犹未归，盈盈水边立。"又或想起唐代诗人顾况的《代佳人赠别》："万里行人欲渡溪，千行珠泪滴为泥。已成残梦随君去，犹有惊乌半夜啼。"那种离情别绪，平添多少诗意！

放弃一个古意优雅的名字，选择一个颇接地气的俗词，是否彰显着陈氏先人迁居开基之后，执意要入乡随俗、扎根乡里的决心呢？此中玄机，已不可考。

总之，虽然村名早已从"渡溪"更为"壆头""壆头岗""壆岗"，但壆岗的血脉一直清晰，气象万新，飞腾超拔。

二、风水蟹地

壆岗村的形貌颇为奇特。

地形南北长、东西短，神似一只巨蟹，故有"蟹地"之称。在20世纪50年代有过统计：壆岗土地面积29.67平方公里，覆盖范围广，涵盖西乡、黄田、三围、福永、塘尾、灶下、万丰、潭头、松岗等十多处，享有“巨蟹出洞，鱼游鹤立”之美誉。

在风水学上，螃蟹被称作“招财大将军”，因为它的八只长爪被视为可“八方招财”，一对螯足则呈奉献财宝状，因此，凡“蟹地”均有繁盛发达之象。

只要在村里四处转转，你便会发现“蟹地”之喻确非空穴来风。那两口南北守望的古井，宛如两只“蟹眼”；蟹眼旁边，各有一组暗红色的岩石，恰似巨蟹的一对螯钳；在“蟹眼”和“螯钳”后面的山坡上，林木葱郁，俨然缤纷斑斓的“蟹盖”；而顺着放射状的街道与河流向四面八方延伸过去的，恰若巨蟹的螯爪伸向不可知的远处。

在这样一处风水宝地，一系列保存完好的古建筑参差错落地散布于各处。

最完整的还是陈氏大宗祠，虽历经沧桑，仍巍然屹立在村中显眼的中心地段村前路。这座三开三进两天井布局的古宅，始建于清乾隆五十九年(1794年)，1987年重修。砖木结构，占地面积400多平方米。大门主墙以红砂岩砌筑，大门、中厅间联以亭台式廊房，中、后厅间联以卷棚顶廊房，屋脊均灰塑各类吉祥图案。门额石匾刻“陈氏大宗祠”，落款为“乾隆岁次甲寅三月吉旦”。整体建筑风格华丽，大气考究。

宗祠最惹眼的便是那副镌刻于大门两侧气度不凡的木板长联：

上联曰：前面桥溪后面沙溪溪水长流涌出渡溪新气象；

下联曰：空中天马庭中禄马马群超拔迎来驸马旧家风。

一联道尽宗祠的地理位置及陈氏来历：上联中的“桥溪”“沙溪”，就是指陈氏大宗祠正面相对的新桥村（桥溪），背后西面的是沙头村（沙溪），指明宗祠是坐西向东的格局。下联中的“驸马”即为开基始祖陈梦龙，“天马”“禄马”等均寓意陈氏代有才人、各领风骚。

与陈氏大宗祠相呼应的是“壆岗村史馆”。村史馆的前身是“智熙家塾”，建于清光绪三十四年（1908年），也是深圳最早的华侨建筑之一，建造者是旅越华侨陈才茂，号智熙。

陈才茂自幼家贫，曾到香港建筑工地当工人，后应招前往越南海防参与港口工程，赢得法国建筑师马隆赏识，加入其建筑公司。陈才茂从泥水工、包工头逐渐成长为设计师，并成为清末越南声名显赫的三大建筑师之一，他最著名的作品是法国在越南的总督府。陈才茂发达之后，热心于社会公益，开办东安学校，为东莞、宝安的侨民子弟提供读书场所，晚年和妻子还乡生活，遂修建了“智熙家塾”。该建筑兼具家塾和家祠功能，建筑规制与陈氏大宗祠相近，也为三间三进两天井，但被法国人熏陶出来的陈茂才，在中式建筑布局中融入了西方建筑的要素，既有挑檐、天井，也有欧式拱廊，家塾室内是传统实木作梁架结构，但也有混凝土水泥加马赛克，建筑整体至今保存完好。

壆岗人是懂得珍惜祖上辉煌历史的，前几年他们找来飞地传媒打造自己的村史馆。飞地传媒的老总是诗人张尔，他用诗人的情怀和细腻让这个村史馆充满了艺术张力和人性光芒。张尔的团队在完全尊重与保护原有建筑的基础上，采用传统与现代相融合的形式，通过色彩、纹理、材料等“新与旧的碰撞”，实现了历史风貌与现代实用的和谐相融。村史馆通过大量珍贵的实物、图文、多媒体等各种形式，全方位、立体式展示了壆岗村在不同时期的历史风貌、名人风采和民俗文化。我参加了壆岗村史馆的开馆典礼，最让我惊喜的是，在后楼还有一个“无字天书”和“全息投影”

等体验互动项目，让人恍如在元宇宙中穿越古今。

第三座值得一提的建筑便是北帝古庙。

此座清朝古庙，位于村前路与北帝路之间的半山腰处，符合建庙“无寺不山”的原则，因为人去庙里的任务是朝拜，所以仰望是最恰当的角度。当然，壆岗已无像样的山了，只能在一个有点坡度的高地象征一下。北帝是道教的神，全称叫“北方真武玄天上帝”，民间认为，北帝是北极星的化身，负责统领所有水神，又可以指引船只航行于正确方向，而不至于迷失大海。而沿海居民世代以海为生，人们对水神的崇仰之情自然深厚无比。因此，北帝古庙的香火长盛不衰。据《新安县志》记载，当时南头的北帝庙，与孔庙、关帝庙并列为官方认可的三大庙宇。相传每年的三月三是北帝的生日，过北帝诞便成为古代渔民们的“圣诞”。

壆岗的北帝古庙不算太大，建筑面积约170平方米，式样接近另外两座祠堂及书塾。主体采用花岗岩作基墙与角柱，墙上饰有灰塑图案，正脊有繁绮灰塑，琉璃瓦檐。庙内有多根石柱，其中两根朱砂岩石柱直撑到梁顶，并有梁架斗拱、驼峰和花角等木雕构件，图案清晰，艺术价值颇高。

此外，还有一座“禅生新楼”极有意趣，由壆岗旅越华侨陈禅生1915年所建。既谓“新楼”，必有“旧楼”。确实，准确而言应该是两座比邻而居的兄弟楼，一座是陈禅生建的“禅生大楼”（旧楼），另一座是他的弟弟陈梅生后建的“梅生大楼”（新楼），但村民嫌烦，在大哥名字和小弟楼宇之间，各取一端，叫成了“禅生新楼”。身处民国，这两座楼便有更多的西洋风，禅生大楼（旧楼）在岭南特有的碉楼基础上，加入了国外的建筑元素，比如花窗、穹顶等。梅生大楼（新楼）又称“寿仁堂”，外观式样和门窗等外立面均为西洋建筑风格，但其平面格局还是中国传统的四合院式布置，新旧两楼均采用了当时最先进的建筑材料、建筑技术和最时尚的建筑风格。

在改革开放前，禅生新楼曾用作壆岗小学。更有意思的是，陈禅生还亲任壆岗小学的第一任校长。现在院落门亭的横额上仍有“壆岗小学”四个大字，但因为没有落款，已不知是否为陈禅生的手笔了。

三、红色基因

不为大多数人所知的是，壆岗村在抗日战争的血与火中，曾经散发出耀眼的光芒。

引述一段深圳市史志办原主任黄玲女士的讲述：“1938年11月22日，日军登陆大鹏湾，攻陷了大鹏城。随后在坦克、飞机的掩护下分三路猛犯深圳镇。1939年8月14日凌晨，日军再在宝安附近登陆，深圳地区彻底沦陷在日军的铁蹄之下。”

日军占领宝安后，所到之地，疯狂烧杀抢掠。壆岗村也有一个日军中队驻扎，民间反日活动受到严酷镇压。不过，耳闻目睹了日寇种种恶行的壆岗人，心中的热血和愤怒不会被熄灭。乡村知识分子脱颖而出，成为抗日的骨干。壆岗小学教师一时掀起了加入广东人民抗日游击队东江纵队的热潮，陈君卓、陈响明成为其中的杰出代表。

陈响明曾创作壆岗小学校歌《雍睦乡里的壆岗》歌词。面对国难，他投笔从戎，1944年初加入东江纵队，不久即为抗日献出年轻而宝贵的生命。

陈君卓最初在东纵宝安大队二区、东宝行政督导处抗敌，抗战胜利后转移至香港继续从事地下工作，1948年返回内地，相继担任宝安游击区边纵支队长麦定堂和政委张劲夫的副官、区长袁卫平的区员，1949年10月作为代表接收解放的宝安县城，当时的报纸上曾以《陈君卓入城记》为标题进行报道。

与此同时，壆岗的海外侨胞也毅然投身抗日爱国事业。

长期在越南兴办实业的壆岗华侨陈庆筹，怀着强烈的家国之情加入越南东京中华商会，通过旗下善之公司参与物资抢运，积极支援祖国。与此同时，陈庆筹还热情接待当时借道越南转奔重庆、延安的爱国志士和流亡学生，例如著名教育家陶行知、广州岭南大学创校校长钟荣光等均是通过陈庆筹安全回国的。

当日寇于1941年末控制了越南海防，企图找陈庆筹出面办维持会，他听到风声，绝不愿做汉奸，携家人连夜逃亡至广州湾（今湛江）。当时广州湾由法国人管治，还未被日军实际控制。陈庆筹租了一栋两层楼房用作住所和商店，一边开设才源行，经营木料、花阶砖、石灰、水泥等建筑材料，一边继续资助抗日爱国活动。

令壆岗人最为自豪的抗日壮举，是在1942年与相邻的东莞长安锦厦村联手抗日。日寇突袭东莞长安的锦厦村准备抢掠，遭到前所未有的激烈反抗。锦厦村是一个以耕作和打鱼为生的村庄，因为时常需要防备强盗和海盗，有着枪弹储备和作战经验。面对训练有素的日本侵略军，国仇家恨让他们决心拼死反击。锦厦村村民挖了一条直通村外的地道，预先将老弱妇孺疏散，不知就里的日军陷入“空城计”，进村后被打得措手不及，伤亡惨重。未等日军清醒过来，锦厦村的勇士们便迅速从地道撤离并从海边乘船远离，也有部分锦厦村村民躲藏到壆岗村。

恼羞成怒的日军放火烧毁诸多房屋，并扬言要血洗锦厦村，除非该村交出30名青年和粮草。与锦厦村早有深厚情谊的壆岗村在秘密接纳锦厦村村民的同时，壆岗村的日本华侨通过日方高层与日军进行多轮交涉，经过艰苦地斡旋，日军终于撤销了报复计划，壆岗华侨设法将这场一触即发的屠村悲剧给化解了。

四、两张名片

壆岗村有两张名片，一文一武。

先说武的。提起壆岗，便不能不提到足球，而我偏偏与这张名片有所交集。

我1992年在《深圳特区报》当记者，报社为参加第八届深圳市“阿波罗杯足球赛”组建足球队，我也成为队员，踢左边锋。每天下班后训练两个小时，分组后第一场遇到的就是壆岗队。当时特区报队里有几位体育系的特长生，以为对付个村队不在话下，不料上场后吃尽苦头，我们遇到的竟然是最终的冠军队。当时的队员中还有如今报业集团的唐亚明、崔卫平等人，教练是当时的体育部主任卢建刚。

也因为这次的“脚谈”，记住了这个名字生僻的村子。

后来得知，壆岗足球历史悠久，从1942年建立起壆岗第一支足球队至今，足球已陪伴一代又一代壆岗人成长、成熟、成才。壆岗称得上是名副其实“家家爱足球，人人上球场”的“足球之乡”。

抗战初期，壆岗海外进步青年与壆岗青年发动成立“壆岗青年同盟会”，同盟会以“足球强身，团结抗日”的理念，自发组建壆岗足球队，并在一块坡地上修建了沙井乃至深圳地区第一个约5000平方米的足球场。

人民公社时期，县体育局以经费拨付形式支持壆岗足球发展，生产队为参与足球训练和比赛的村民记工分，足球运动成为本地青年的光荣使命，1977年曾代表宝安县参加广东省第五届运动会。

1998年3月，中国足协为壆岗注册足球俱乐部，这是中国第一个村级足球俱乐部。该队成就了全国足球丙级联赛的五连冠，并多次杀进乙级联赛，创造了业余队与职业队同场竞技的奇迹。至于深超联赛冠军，更是如囊中之物。

壆岗的另一张名片是粤剧。

粤乐社是壆岗的一个文化符号。还是在1942年，壆岗青年在成立足球队的同时，一并成立了壆岗文工团，此即壆岗粤乐社前身，悠扬的粤韵自20世纪40年代回荡至今。经过数代人的薪火相传，这个由村民自发组织，为传承粤剧粤曲鼓与呼的粤乐社，足迹遍布深圳乃至整个广东及香港一带，声名日益远播。

1996年，壆岗粤乐社参加深港粤曲“黄金夜”演出，获得金奖；2002年6月，参加广州地区粤剧、粤曲交流演出，声名大噪；2004年9月，参加深圳市首届“罗湖桥杯”粤曲大赛、广东省粤曲大赛；2004年11月，参加广州八和会馆成立115周年志庆演出，并与著名粤剧演员罗品超、小神鹰、郑培英等同台献艺……

与此同时，老一辈艺术家们也围绕校园发掘新生力量，为粤曲文化培养出不少“小金花”。2016年，壆岗小学被联合国教科文组织授予“粤剧中国保护中心推广基地”；2021年，壆岗小学表演作品《八大锤》荣获第十二届广东省少儿戏曲小梅花荟萃活动集体节目一等奖。

古老的艺术在当下的都市滋润而顽强地生长着。

墨岗，一如它的名字，神秘、坚实、低调，但是余音悠扬，数百年而不绝。

寻古沙井

很多人对深圳的固有印象，总是与摩天大厦、车水马龙连在一起，尤其是与广州比较，大家总会说一句“深圳缺乏烟火气”“没有市井生活”。真的是这样吗？你会这样想，那是因为你没有真正走进过深圳的村子，那些四处弥漫的“烟火气”，那些宁静祥和的“市井生活”，都隐藏在村里的窄巷子、老房子中。

尤其是那些上了点儿年纪的村子，比如宝安的沙井。

一、古代深圳的CBD

沙井在宝安区的西北面，是古代宝安县最繁华的区域之一。

假如有人问，古代深圳的政治中心在哪儿？不少人会脱口而出：南头。但是如果有人追问，古代深圳的经济中心在哪儿？估计大部分人会无语。

这里告诉你，古代深圳的经济中心在沙井，看到这里的你，一定会大吃一惊。我就喜欢看你们大吃一惊的样子。

真的吗？当然是真的。

因为，从老宝安县设立之初起，深圳就是一座“盐城”。自汉代始，朝廷就在此处设立“番禺盐官”，东晋咸和六年（331）年设东官郡。“东官”是干啥的？就是负责生产盐并专营盐业、监收盐税的官，老宝安县这一片都归东官郡管。广西还有一个“西官郡”，都是管理盐业的衙门。

在古代中国，盐、铁等都规定为朝廷专营，民间不得染指。西汉桓宽著有《盐铁论》，记录了汉昭帝召集大臣举行“盐铁会议”的实况，由此可知，盐作为国计民生的最重要物资，被皇帝看得很重。这种观念贯穿了古代中国的不同朝代。

而在宝安县这个“盐城”，产量最高、交易最密集的中心就在沙井。

远古时代，沙井地区还是一片海湾。在大约2500年前的春秋时期，沙井地区逐渐演变成海滨平原，古称茅洲。东晋时，沙井盐业继续扩大，成为朝廷的盐业生产重镇，盐场管理机构“盐课司衙署”就设在这里。据康熙《新安县志》记载，当时这里叫归德村。唐代这里便有归德盐场，北宋初年，深圳地区设有靖康一个盐场，和归德、黄田两个盐栅，所谓“盐栅”就是规模稍小的盐场。宋元时期，朝廷在东莞县沿海设立归德、东官、黄田及官富四个大盐场，其中，以归德盐场为最，无论规模之巨、时间之久，还是产量之多、质量之优，沙井的归德盐场都独领风骚。《宋史·食货志》载：“广州东莞、靖康、归德、官富等十三场，岁鬻二万四千余石，以给本路及西路之昭桂州，江南之安南军。”盐民的生产方式，由汉唐时期的煮海为盐，到明代以后的日光晒盐，积累了独特的生产工艺，形成了“八卦滩”“结晶池”，以及早看风云、午辨晴雨，一年晒两季、六月晒龙盐等系列生产工艺。

明清以后，因海水渐淡，盐田逐渐荒废，盐场也渐次裁撤。但即便如此，至清康熙时，新安县盐民仍超过人口总数一半。至清朝中晚期，盐退蚝进，居民转以种田和插杆养蚝为生，沙井依然是远近闻名的富庶之乡。

以归德盐场为中心的商品经济产业链，自唐宋始，经元明发展，逐渐齐整、完备，至清代由于私盐的泛滥，沙井一带崛起了一系列繁盛的墟市，比如云林墟、和平墟、升平墟、茅洲墟等，而其中的清平墟更成为与深圳墟齐名的“四大名墟”之一。

据康熙和嘉庆两版《新安县志》记载，清平墟街市交错、货物充盈、人声鼎沸，周边商埠林立、舟楫穿梭，其欣荣局面实不亚于今日之闹市中心区。所以曾有媒体冠之以“古代深圳的CBD”，实在是一个绝妙的比喻。

二、陈氏开沙井

沙井因何得名?

这个可以望文生义，确实与“沙”与“井”都有关。

古代此地由海里浮出水面，地质构造上属于沙洲地形，入海河道多沙。古代村落定居必有井，因村民挖井取水时，发现井中多沙，故取地名为“沙井”。沙井曾称龙津。

沙井兴起与陈氏家族有关。据《深圳风物志》中程建先生记载：陈朝举是南宋时期淳熙年间的进士，宋代理学大师朱熹之高足。少敏悟端谨，不苟涉猎，潜心钻研《太极图》《易通》《伊洛渊源录》诸书。他在客居南雄时，结庐柯树之下。南雄人争遣子弟从游，诲之不倦。有《乔迁集》行世。随着年纪的增大，陈朝举越来越思念故土，于是率家人回到祖居地洛阳。在洛阳还未停留多久，金人的马蹄就踏醒了人们安居的美梦。陈朝举只得收拾行装，洒泪告别祖宗佳城，率族南行。但他们没有回福建侯官，而是随着南迁的移民潮，翻过大庾岭，落籍在南雄珠玑巷。为了找到一块适宜子孙发展的土地，晚年的陈朝举不顾年老体弱，继续率族南迁，沿着珠江东岸一直走到珠江三角洲的尽头，一个叫涌口里（今沙井云林新村附近）的地方。当他听说此地是孝子黄舒的故里，毅然停住了漂泊的脚步，就此开村立业。陈朝举在海边修建了一座楼台，无论四时八节，他都率子孙登楼遥祭北方，望着滔天的海水、滚滚翻卷的浪花，给子孙讲那过去的故事，也许是洛阳，也许是牡丹花，要他们一定记住，洛阳才是自己的家，一定要回去啊！天气晴朗时，风起水涌，雪白的浪花如烟似雪，所以他把楼台命名为“锦浪楼”。陈朝举的子孙没有完成北归的心愿，倒是一批批的移民陆续迁来，比邻而居，热了这方土地，直把异乡当故乡。

陈氏迁入沙井后，入乡随俗，即刻转身投入盐业生产。盐退蚝尽时，又适时转营蚝业，据说当时的几大墟市均为陈氏后裔所开。沙井陈氏在白石岗旁创建云林墟，成为新安县西部主要的贸易场所；乾隆年间，又增建了沙井墟和新墟；燕川陈氏主要从事农业生产，他们和白石厦文氏共同创建义和墟；嘉庆年间，又和文氏合力发展黄松岗墟（今宝安区松岗街道）；荷坳陈氏也主要从事农业生产，和其他姓氏合作创建横岗墟（今龙岗区横岗街道），其仙溪支派还创建了龙岗墟（今龙岗区龙岗街道）。陈氏自立村于沙井、燕川、荷坳三地后，经元、明、清三代，枝繁叶茂，辈出名贤，成为宝安一大望族，为古代深港地区的发展作出了重要贡献。

沙井的陈氏大宗祠“义德堂”，历数次修葺，巍然屹立在沙三村，与陈朝举墓默然相守。此外，如今在沙井的各自然村，均有陈氏宗祠，记述着陈氏先人那段并未封存的历史。

陈氏开沙井，德泽惠宝安。

三、古塔与石桥

到过沙井的人，都会对一座古塔印象颇深。

那便是“龙津古塔”。此塔为宋塔，距今800余年。

据明代《东莞县志》载，沙井有条龙津河，盐官在龙津河上建石桥，“宋嘉定间盐官承节郎周穆建，桥侧立塔高丈有二尺。旧传桥成之日，风雨骤至，波涛汹涌，若有蛟龙奋跃之状，因立塔镇之”。

可见此塔为古人用于镇水的风水塔。整个塔并不高大，单层方形塔身，下为方形竹节角柱须弥座，上为攒尖塔顶。塔身用粗砂岩材料凿制，当地人叫它“花塔公”。花就花在塔身上的浮雕，塔身正面为释迦牟尼半身佛像，左侧浮雕为“双手合十”，右侧浮雕为“仗剑除妖”，塔身下部刻有梵文佛经咒语，已模糊不辨，背面阴刻有款文“嘉定庚辰立石”的字样。由此可知，该塔建于南宋嘉定十三年，也就是公元1220年，是深圳现存年代最早的地面建筑。1984年重修，现已列入省级文物保护单位。据村人相传，石塔建好后，龙津河再无泛滥，风平浪静。

除了龙津古塔这个地面建筑的深圳之最，沙井还有一个深圳之最，最古老的石桥——永兴桥。

永兴桥在清平古墟的西侧，史载：“康熙年间监生曾桥川建，日久倾额。乾隆五十年（1785年）武生曾大雄、钦赐翰林曾联魁、贡生曾腾光、曾应中等倡捐重建。”可见此桥已建有300多年了，是深圳现存石桥中最古老的。1984年即被公布为深圳市文物保护单位，其后又再次修葺。

永兴桥身用纯白花岗岩砌筑，桥长50米，宽3.4米，桥洞三个，洞高超过5米，上列栏杆，栏杆望板上浮雕龙凤图案各一组，桥头望柱圆雕有生动的狮子。全桥结构严谨，造型美观。

桥下的新桥河与茅洲河汇合注入珠江，桥头原有码头和文昌塔，与永兴桥交映相辉，颇为壮观，可惜现在都已不见了，令人叹息。

四、沙井的浪漫“蚝”情

当然，沙井名气最大、最值得骄傲的还是“沙井蚝”。

深圳人吃东西有几样讲究：吃乳鸽要去光明，吃狗肉要去观澜，吃海鲜要去大鹏，吃生蚝要去沙井。如今，除了狗肉已经不能吃了，其他几样美食却还是要去拜那几处“吃货圣地”的。

我刚来深圳时，不知蚝为何物，曾在采访沙井时，被村主任招待过；领略之后，其美味一时不能形容，只能慨叹：领教了沙井的浪漫“蚝”情。

说到沙井蚝，又不能不提苏东坡。

文人中我最爱宋代文豪苏东坡，他的诗、他的文、他的字、他的画，他的狂傲、他的旷达、他的放浪、他的艳福，这些都让我推崇。但我最最佩服的还不在此，而在东坡先生对美食的高度热爱和无穷创造力。因此，有地方请我去讲一个古代文人，我说就讲苏东坡吧。讲过几次，反响甚好，而且最有共鸣的内容也在苏东坡的饮食那端。

苏轼，号东坡，是个不折不扣的美食家，用当下流行的话来说，是个超级“吃货”。他不但吃得地道，还吃得优雅。

东坡先生既爱吃又会吃，他经常因为得罪皇帝和同僚而被贬，最惨的就是被贬到南蛮之地，先贬黄州，再贬惠州，终贬儋州，到了天涯海角，贬无可贬。但他哪怕环境再糟，都能因地制宜创造美食，有荤则荤，无荤则素。那段凄风苦雨的遭放逐的岁月里，各地的美食成为他最忠实的陪伴者和最有效的慰藉者。光打上他发明专利的美食就有“东坡肘子”“东坡鱼”“东坡肉”等一大堆，不过他没收过一分钱的专利费。

传说某年苏东坡又一次复官后，曾与黄庭坚乱侃：“我在牢里时，每天吃的是三白饭，照样很香甜，世间美味不过如此。”黄庭坚好奇地问什么叫三白饭，东坡答曰：“一撮盐，一碟生萝卜，一碗米饭，这就是‘三白’。”此事说过苏轼也就忘了。一日接到黄庭坚请帖，邀苏轼去他家吃皛（xiǎo）饭。苏轼欣然应约，并对夫人道：“黄庭坚乃当世学士，读书甚多，他这皛饭定是稀珍之物。”但等他到了黄家发现桌上只有盐、萝卜、米饭，这才恍然大悟，知道被黄庭坚戏弄了。又过了几日，黄庭坚也接到请帖，邀他去吃毳（cuì）饭。黄庭坚知道苏轼要报复，但又好奇，想知道毳饭到底是什么，最终还是去了。苏轼陪着黄庭坚从早到晚一顿海聊，始终不提吃饭，黄庭坚实在憋不住催问毳饭呢？老苏慢吞吞地回答道：“盐也毛（冇，粤语，音mǎo，“没有”的意思），萝卜也毛，饭也毛，岂不是‘毳饭’？其实你一直在享用着啊。”黄庭坚惊愕之后，两人同时大笑。不过玩笑归玩笑，苏轼“报复”成功后，还是乐颠颠地端上了他研发的新菜。

苏东坡的饮食之旅在广东登峰造极。据他在诗文中记载，在被贬惠州期间曾到过宝安附近观看海市蜃楼，友人专程请他去吃沙井蚝。苏轼是动手能力极强的吃货，不仅会做东坡肘子，亦把鲜蚝做得美味无比，一吃之下便迷上了沙井蚝，隔三岔五地请人买了去吃。

俗人无论吃了什么，吃了便是吃了，至多擦擦嘴称赞几句“好吃，好吃”。文豪则不然，吃了不单会回味，琢磨，还要写下来。沙井的蚝文化博物馆里至今还陈列着苏东坡当年吃蚝上瘾后一挥而就的《食蚝》：“己卯冬至前二日，海蛮献蚝。剖之，得数升。肉与浆入水，与酒并煮，食之甚美，未始有也。又取其大者，炙熟，正尔啖嚼……”阅之让人垂涎。

最令人忍俊不禁的是，苏轼此时黑色幽默起来，他专门写信给自己的小儿子苏过，叮嘱他千万不要让别的官员知道了，担心众大夫为品鲜蚝美味争着要求贬谪南来。“每戒过子慎勿说，恐北方君子闻之，争欲为东坡所为，求谪海南，分我此美也。”苏大学士苦中作乐的恶搞精神，非常人能及，绝对深藏人生大智慧。

大文豪作诗著文对生蚝大加赞美，几百年后的后人仍对此心驰神往。晚明官员也知道这段掌故，因而觉此有趣，亦写下其食蚝的趣闻以佐证：

“东坡在海南，食蚝而美，贻书叔党曰：‘无令中朝士大夫知，恐争谋南徙，以分此味。’使士大夫而乐南徙，则忌公者不令公此行矣。或谓东坡此言，以贤君子望人。”

可见沙井蚝不但有千年美味的历史，更有诗情缭绕的文化气息。大文豪苏轼竟不知不觉地成了它的推广者，这种浪漫“蚝”情，实在无出其右。

我曾到过沙井蚝养殖场参观。据养蚝人介绍，传统的养殖方法和野生蚝的生长无甚区别，从种蚝、拶蚝、搬蚝、撤蚝、屯蚝、扑蚝、捡蚝、钳蚝，到收获成熟的蚝，再到蚝肉上桌，至少要历时两到三年，真应了那句“好食不怕晚”。

若是苏东坡能够活到现在，大抵是不会拒绝做沙井蚝的代言人的。因为他作为食神，肯定也是知道蚝的美味来之不易。

沙井有个著名品牌：金蚝节，自2004年开始举办，至今不废。在深圳，沙井蚝的饮食习俗虽稍逊于大盆菜，但蚝却是大盆菜的十几种食材中必不可少的一种，也是最令人期待的一种。除了做大盆菜，蚝作为主食材，还可以做出蒜蓉清蒸蚝、油炸蚝、姜葱炒蚝、粉丝煮蚝、香煎蚝、什锦蚝、蚝豉蒸腩肉等菜式。而在岭南文化中，“蚝豉”与“好事”是谐音，因此，逢年过节桌上有一道蚝豉，便能给人带来一份吉祥如意的好兆头。

沙井蚝民生产习俗，如今已被列为广东省非物质文化遗产。

沙井，一个弥漫着烟火气、市井味的古村，它无处不在的岭南气息让人沉迷。但它又非常现代，它除了是当之无愧的“蚝乡”，还是粤剧之乡、足球之乡。它是深圳盐业文化、农耕文化与海洋文化汇流、拥抱、融合、相生的地方。

甘坑小镇：

都市里的世外桃源

外地人到深圳，会发现这里的地名与城市气质反差极大，简言之，就是一个非常时尚、洋气的城市却有很多拗口甚至土气的地名，无论是街道名、社区名都让人一时难以启齿。极像一个超级名模起了个名字叫翠花。

究其原因，恰恰反映了深圳快速发展留下的历史痕迹。上千年的农村、渔村，倏忽之间变成超级大都市，再快的脚步也赶不上离去的背影。正如一个人，衣服换起来容易，但皮肤、老茧、皱纹却没那么容易抹去。

我刚来深圳时候，因为采访经常要拿着地图找地方，曾经和朋友开玩笑说："深圳地名有点蒙，到处皆是围与坑。"这倒不是指我们在这里经常被围困，或者经常被人坑，而是指用"围"和"坑"组成的地名太多了。

比如"围"字。蔡屋围、沙田围、白灰围、水浸围、玻璃围、背带围、吓屋围、水围、福围、新围、老围、草围、基围、海围、上围、下围……

在任何一个其他城市，假如你拦住一位姑娘问："请问您，三围在哪里?”迎接你的可能是一耳光，至少是一句回骂：“流氓。”但在深圳，你可以光明正大这么问，因为宝安区西乡街道有个三围社区，以前叫“三围村”。三围村里不但有三围街，还有三围码头，处处离不开“三围”。

今天不说“围”，咱们说说“坑”。

深圳带“坑”的地名多如牛毛，屈指一数就是一串，如杨梅坑、大水坑、白泥坑、老虎坑、料坑、甘坑、塘坑、坑梓等，甚至还有万年坑。处处有“坑”，仿佛无坑不成村。但这绝不意味着这里满地都是陷阱，或者到处都是地洞。

其实，在粤语里“坑”带有“低洼地”的意思，这些带有“坑”的村、街、路，大都处于地势较低的位置，大雨一来，很快就成了水坑一片，稍不留神就掉进坑里，所以后来“坑”才有了害人的意思，“坑人”一词大约也来源于掉进水坑的原义。好在今天有了完善的市政排涝设施，即使在雨季，这里也不再被水淹，所以来这些地方也不再怕被“坑”了。

在这众多的“坑”中，有一个特别出彩的坑，叫甘坑。

这里曾经是一个几乎被遗忘的角落，但现在是一个遐迩闻名的客家小镇。每到周末或假期，这里都是万头攒动的热门景点，甚至被称为都市里的世外桃源。

一、山水相逢，甘坑降生

甘坑位于龙岗区吉华街道，但在古代的典籍上，查不到甘坑这个地名，所有的称谓都只有“柑坑”。

据清康熙《新安县志》记载：“柑坑山，在七都，周匝四十余里，猺人居之，多产赤竹。”清雍正年间编纂的《广东通志》记载：“柑坑山，在城东北四十里，高百丈，延亘四十里，与太平嶂夹水并行，项背相望。”

此处有两点值得关注，一是“柑坑”之说，二是“猺人”之说。

柑坑说法的依据，是柑坑山当年到处都是野生的油柑树，深圳本土民俗学者廖虹雷认为“先有柑坑山，后有甘坑村”，也就是说，甘坑村是因山得名。“柑”并不是甘泉，也不太可能是村民后来种植的柑橘，更大可能是山间成片野生的油柑子。这在地方志中也可以找到端倪，清嘉庆《新安县志》对“油柑子”同样有记载：“油柑子，山果也。皮滑如柰，色青黄，大如弹丸，味甘而微苦，食后香留舌本。一名洋柑。”

此外，数种地方志中不约而同都提到“猺人居之”，此处的“猺人”也即今天的瑶族人，但在不同的历史时期，往往指代更多的少数族裔，或曰“蛮夷”。这些由梅州、五华、兴宁等其他地方迁入的少数族裔，是最早的客家先民，自宋代便有记载。

而在《新安县志》中对此地“猺人居之”的强调，凸显出柑坑山或甘坑村的偏僻与蛮荒。

至于“柑坑”何时变成“甘坑”，大约应该在清末民初。因为清朝在康雍乾几朝让此地繁衍兴旺，因此山名在转换为村名的时候，多了一些语词的吉祥之意，当然也因为此处山泉丰沛、溪流纵横，所以甘甜的泉水自然取代了先苦后甜的油柑果子，这也是顺理成章的事情。

当你来到甘坑，看见在三面环山、溪水穿越的怀抱中，这个古意盎然的村落安静地沉睡其间，你便会认同这个名字的寓意。

无论是史籍记载中的“油柑”之说，还是口口相传中的“甘泉”之说，都佐证着这个古村是山水相逢孕育的杰作。

二、村姑苏醒，华丽蝶变

甘坑虽然有美好的身世，也有光鲜的记载，但即使在十年前，深圳也没几个人知道这个地方。那时如果你走到这里，除了看破败的房子和漫野的衰草，大抵也看不到什么像样的景致。

说句直白的话，彼时的甘坑还是个脏乱差的客家老屋村。2022年我再次造访甘坑客家小镇，一手打造了这个小镇的华侨城文化集团总经理胡梅林和我回忆起他第一次来这里的情景，他说："当时我被眼前的荒凉惊呆了，一下暴雨，水能淹过膝盖。没想到深圳还有这样被遗忘的角落。"

但胡梅林带着他的团队进入后，以数年之功，埋头梳理客家文化，一点一滴恢复甘坑当年的古风雅韵。他们以客家风情为基础与核心，挖掘和开发乡土文化，复活出一个可与凤凰、大理、丽江媲美的特色小镇。

那个下午与黄昏，我在小镇蜿蜒的小巷中穿行，漫步于沧桑的鼓楼，走进家风家训博物馆，徜徉在山水田园中的体验农场，让自己沉浸在远离都市的宁静中，只有风从耳边掠过。

在甘坑小镇，你会真切地体会到什么叫"时空穿越"。当你在欣赏着无处不在的客家小凉帽，品尝着传统手工作坊里"客家腌面"的美味，耳听着客家山歌的旋律时，转个弯便看到了VR乐园。戴上特殊的眼镜，你便一下子滑入三维动画世界，小凉帽不再是一个古老的物件，而是一个充满现代感和科幻性的符号，它瞬间打通了我们的五官，并且链接了从过去到未来的各个节点。

这里不时提到的"凉帽"，是甘坑特有的文化遗产，史书上甘坑"多产赤竹"的记录，也印证了这里独具凉帽制作的资源优势。

凉帽是客家女性最常见的帽子，因为南国阳光炽热，所以客家凉帽除了一般草帽的头部遮光功能以外，还在帽檐处有一圈垂下来的黑色布帘，以遮蔽照到面部的阳光。客家凉帽既遮阳又掩面，也与客家女性不愿抛头露面的传统习俗相关。

“甘坑客家凉帽”是深圳首批非物质文化遗产项目之一，在20世纪50年代，曾经是在广交会热销的凉帽唯一指定生产商，甘坑村一度家家户户织，男女老少做，全村每月织出4500多顶凉帽，其中一半由中国工艺品进出口公司销往东南亚地区和英美加等国家，受到华侨华人的欢迎。目前，“甘坑客家凉帽制作技艺”已被列入广东省非物质文化遗产名录。曾经几欲绝迹的凉帽制作传统工艺，又在新世纪得以传承并发扬光大。

三、光影梦寻，文脉悠长

甘坑于游人而言，是个新晋的“网红打卡点”。

但是甘坑于我，却另有一番渊源。

2016年底，我鬼使神差地导演了我的第一部电影。这对于绝大多数怀揣电影梦的人来说尚属正常，但对于一个年过半百的老文青而言，确实有点不正常，这个“处女作”也太老了。

在朋友的推荐下，我来到了尚在复建中的甘坑小镇，并且一眼看中了其中的一栋叫作“状元府”的老房子。那屋脊、那灰砖、那月洞门，处处都是我想的样子，于是我毫不犹豫地把一场重中之重的大戏放在这个小镇。那一周，我们每天从大鹏半岛的剧组驻地，驱车近60公里到甘坑。当时进入小镇的路还没修好，要经过很长一段颠簸崎岖的土路，车上的人一个个本色出演人仰马翻，但一进到小镇，一走进状元府，一下子便进入一个与世隔绝的空间，不用酝酿，全体一秒钟入戏。

在状元府里，我们尽情挥洒着各自的银幕想象力。我在这里除了过把导演瘾以外，还在环境的诱导下，忍不住客串了一个心中所属的角色。就这样，我与甘坑也就有了神奇的邂逅。

拍完电影，很长一段时间，甘坑都在我的脑海里挥之不去，但我一直没再踏进小镇半步。这也奇怪。

等我再次来甘坑，已是6年之后，当时甘坑客家小镇的管理者邀请我为他们做一次文化讲座。讲座之前，他们让我先过去预热一下，他们其实不知我几年前早已预热过了。

再见甘坑，让我大吃一惊，当年的“村姑”已然变成了“摩登女郎”，状元府还是静默地匍匐在小镇的巷子里，但曾经一枝独秀的大夫第，此时已经淹没在各种新起的旧式建筑中。

此时甘坑的主角变成了“二十四史书院”，一个独立于小镇一隅的明式院落。在这个占地3万平方米的建筑群里，可以看到二十四史文献系列展览，有珍稀版本的二十四史，还有中国社会科学出版社出版的《今注本二十四史》。这是第一部全面注释与校点“二十四史”文本的史学巨著，从而改变了“二十四”仅前四史有残缺古注，其余各史均无注释的状况，这也是中国史学界的世纪工程。据称，正是在启动、编纂这套巨著的同时，产生了建设“二十四史书院”的创意，并由华侨城集团纳入甘坑客家小镇的整体规划中。

在书院中漫游，于浣花溪湖畔，不时会被各种特色书店所吸引，确切地说是书店群，东坡书屋、李白书屋、杜甫书屋等掩映在绿叶红花中。小凉帽亲子绘本屋是学童们的最爱，花兮茶会雅集是琴棋书画的集合体，亭台楼阁、曲径通幽使人片刻间忘掉身外之物。

走完二十四史书院，我的讲座题目也便有了，决定讲《二十四史与中华文脉》。我一直认为，中华文化之所以没有断裂，与这套从未间断过的史书有关，如果没有这套从《史记》到《明史》的二十四史，我们已经无法理清自己几千年的文明。巴比伦、埃及、印度的文明都略早于中华文明，但他们因为基本不修史，所以对于自己的昨天是语焉不详的。而中国人对于修史有种宗教般的狂热，自汉以来，每个朝代都有国史馆，史官是中国文官体系的必备，宁可没有宰相，也不可无史官。这也让中华的文脉得以一直香火不绝、赓续至今。

甘坑小镇，以一个小镇的体量，承载了旅游景点之外的内涵，使深圳人的精神有了一个可以呼吸的世外桃源。

西丽湖，写给天空的情书

深圳人都知道有个地方叫“西丽湖度假村”，却没几个人真的去西丽湖度过假。

在20世纪八九十年代的深圳人记忆中，曾经有一个赫赫有名的旅游品牌叫“五湖四海”。五湖是：西丽湖、香蜜湖、石岩湖、银湖、东湖，这五个湖是深圳人做大型活动时最爱选的场所；四海是：蛇口海上世界、小梅沙海滩、深圳湾海滩、大亚湾海湾，这是几片天然海域所组成的景点，一到假日游人趋之若鹜。

四海的说法，版本不一。五湖的说法，倒是始终没变。

作为五湖之首的西丽湖像一块蓝色的孔雀石镶嵌于深圳西部，在麒麟山脚下，这片水天一色、落霞映红的湖面，向蓝天白云散发出迷人的波光，仿若深圳写给天空的情书。

一、西坜、西沥与西丽

西丽的名字很雅致，非常富有文学性，其实这不是它的本名。

在旧时的典籍中，这里被写作“西坜”，“坜”在《康熙字典》中的解释为：坜，音历，坑也。可见这里最初即为洼地。

20世纪50年代，全国大兴土木，各地掀起轰轰烈烈的兴修水库热潮，宝安县当不例外。这里也于1960年建成水库，集雨面积29平方公里，水库面积2.78平方公里，总库容3238.81万立方米，原设计以农田灌溉为主并兼顾防洪、发电等综合利用。既然成了水库，名称自然也便化土为水，于是“西坜”悄然变成了“西沥”，这个西沥水库成为深圳西部城市供水、调水、防洪的重要水利设施之一。

至于为什么又成了西丽，这是更靠后的事。

1979年秋，深圳市旅游局兴办度假营，西沥水库成为中国第一个度假村。做旅游要有个好名字，“西沥水库”这个名字不利于传播，于是将“西沥水库”改名为“西丽湖”，换名如换刀，西丽湖一时声名大噪，本地人和游客均络绎不绝。由于它的景色宜人，加上地处西部，西丽湖便被称为深圳的西湖。

西丽湖度假村隐藏在茂密的树林之后，有一种低调的奢华，大门也是早些年常见的黄瓦白砖的牌楼，上面写着“西丽湖度假村”六个金色大字，毕竟已经过去了40多年，这些字也斑驳不堪。如果不了解它的历史，你会对这个门面简陋的度假村产生疑惑甚至失望：这就是那个声名显赫的中国第一家度假村吗?

然而当你走进度假村的大门，一块气势磅礴的汉白玉的照壁赫然出现在眼前。这块照壁周围树木丛生，鲜花环绕，上面是西丽湖美景的浮雕，湖边青树依依，绿草茵茵，十分生动形象。照壁的右侧竖写着“西丽湖景区”五个字，看起来也颇有年代的沧桑感。古代的照壁是用作遮挡视线的，避免外人直接从门口一览无余，另外还雕刻着吉祥的图纹，借以表达美好寓意。这里的汉白玉照壁也是尊重了古代的照壁用途，古色古香，让人更能感受到西丽湖光阴似水的年代感。

绕过照壁后，一片湖光山色扑面而来，此时你会一扫进门之前的疑虑。

一条总长千余米的“第一长廊”蜿蜒于青山绿水之间，链接起亭台楼阁的雕梁画栋，点染千顷碧波照影，万树繁花争艳。

在澄明清澈的湖水边，一座六角佛塔藏于树林之后，颇有犹抱琵琶半遮面的含蓄与婉约。此外，这里还有高尔夫球场、网球场、射击场、保龄球馆……

少了当年的喧哗，多了当下的沉静，西丽湖越发符合它最初的设定：度假，因为真正的度假不需要门庭若市，需要的是静水深流。

二、北望松坪山

在深圳，对一套房子从一而终的人不多，而我算是一个。

1995年，我在松坪山买了一套房，当时还叫微利房。这也是我买的唯一一套房。

搬进去后，一住至今。在风起云涌的房地产热中，看见周边熟悉的和不熟悉的人都在炒房、倒房、换房的房市中进进出出，浮浮沉沉，我却心如止水，一刻也没有对此起心动念，自然也失去了在很多人看来可以简单暴富的机会，但我没有一丝悔意。

我的这套房就在松坪山。

松坪山现在是没有山的踪迹了，但在我初到深圳的时候，那座山是在的，高度不在莲花山之下。我是眼看它被铲平，眼看它打地基，眼看它起高楼，眼看它成社区。因为做记者常常要从市中心去蛇口、宝安采访，从福田去宝安必经沙河，深南大道过了沙河，北望便是松坪山。

松坪山起初应该是有很多松树的，虽然在建住宅小区时，山上的松树已经十分寥落，但可以想见，如果不是因为住宅建设需要而移山，松坪山也许现在是一处难得的青松茂密的公园，那是另一番景致。

松坪山住宅区建设的初衷是解决机关和事业单位人员住房问题，因此叫微利房，是不能进入商品房市场流通的。松坪山是全市第一处大型的微利房住宅小区，然后陆续建设了桃源村、益田村、梅林一村。再然后，房产改革取消了微利房。松坪山也与其他小区一样都改称为“村”，后来的人便只知有村，而不知有山，有形的松坪山消失之后，无形的松坪山也消失了。

松坪山区域内最著名的地方便是科技园，现在叫科技园的地方多如牛毛，而当年这个名称是要中央批准的。深圳科技园也是中国大陆的第一个科技园区，深圳市政府和中国科学院于1985年共同创办，面积11.5平方公里。这里孕育了中国最早的一批科技巨头，华为、中兴、腾讯、长城、飞亚达、海王、大族激光等，每一个名字都如雷贯耳。尽管他们后来有些从这个金窝里飞出去了，有了自己的新巢，但这个旧窠依然让他们激情澎湃。

1991年，经国务院批准，深圳科技工业园成为首批国家级高新技术产业园区，从此人们开始改口称其为高新园。升级版的高新园再次让科技界震惊，除了原来的优势产业电子信息之外，又在生物医疗、新材料、新能源等领域再辟疆场，成为行业翘楚。

高新园后期的大手笔有两件：其一是“深圳虚拟大学园”，这个创意独步天下，因为深圳本地高等教育资源匮乏，但建高校非一日之功，于是这个由41所海内外著名院校组成的“虚拟大学园”便实现了深圳人“名校在深圳，汇聚高新区”的梦想，高层次人才培养、大学成果转化和产业化基地便不再是空中楼阁。其二是“深圳软件园”，2001年深圳软件园被国家科技部正式认定为“国家火炬计划软件产业基地”。建立以来，深圳软件园成为中国重要的软件产品研发基地、软件企业孵化基地、软件产品出口基地、软件人才培养基地和国际软件技术合作基地。深圳软件出口业务收入，长期保持全国第一的位置。

松坪山作为一座实体的山，现在是没有了，但它借高科技的翅膀，继续在虚拟的天空飞得更高。

三、动物凶猛

深圳人的创业行动是生猛的，深圳的动物也是凶猛的。

这句话的来由是深圳野生动物园。

当1993年“深圳野生动物园”开业的时候，中国人还没有见过这种模式。传统的动物园是：人在园中行，动物在笼中，而深圳开启的模式是：人在笼中坐，动物自由行。

记得当我第一次坐在铁笼车里，与老虎、狮子四目相对，清晰听到猛兽的呼吸、闻到动物的味道，那样的震撼让人终生难忘。

深圳野生动物园是深圳旅游集团下的一个国有企业，后转为股份公司。据说最初是因为深圳市的领导去国外考察，发现在非洲、欧美有一种野生动物保护基地，放养式地保护野生动物，于是意识到，我们是否可以尝试改变一下动物园的参观模式？

有了意念并不意味着可以实现，果然这种大胆而冒险的想法迅速被国家层面的管理部门否决，因为这是人命关天的大事，假如有一个环节出现漏洞，便有可能出人命。谁也不敢拍板。

但在那个改革的年代，人们都有解放思想的冲动。经过深圳市的不断游说以及操作方案的不断完善，建野生动物园的构想最终得到国家有关方面的特别批准，深圳野生动物园应运而生。

深圳野生动物园放养着近万只各类野生动物，涉及300多个种类。这些动物除来自全国各地外，还来自世界各洲，其中有不少属于世界珍禽名兽和中国一、二级保护动物，如华南虎、金丝猴、东北虎、火烈鸟、麦哲伦企鹅、长颈鹿、斑马、亚洲象、丹顶鹤、犀牛等。此外，深圳还有超前的探索，动物园开始自己繁殖珍稀的虎狮兽、狮虎兽，取得了很多物种杂交的前沿性科研成果。

深圳很多孩子的生物学知识是在野生动物园启蒙的，在这里他们知道了什么是食草动物，什么是食肉动物，什么是飞禽类，什么是走兽类……许多学校都把野生动物园作为生物课的重要补充课堂。深圳的中小学生，都有自己在动物园里认领的小动物，他们可以定期去探望它们。他们从小便懂得爱护动物、敬畏自然的道理，这些道理不是来自说教，而是来自亲近大自然的体验。

而这一切都来自这个占地近2平方公里的深圳野生动物园。

四、坐拥大学城

紧邻深圳野生动物园，是深圳的高校密集区：大学城。

现在很多城市都有自己的大学城，而深圳大学城与众不同，它是中国唯一经教育部批准以培养全日制研究生为主的研究生院群，目前北大、清华、哈工大、中国科学院等都在这里设立了各自的研究生院。深圳从此也改变了高级人才全部来自外部的局面，现在大量的博士、博士后也是自产自销了。

当然这里也有一所深圳市属的全日制双一流大学：南方科技大学。

深圳长期以来只有一所全日制大学：深圳大学，因此高等教育成为困扰深圳的一块短板。一流的城市缺乏一流大学，让很多人食不甘味。

深圳市2007年决定创办南方科技大学，以适应新世纪高科技城市发展的人才需求，2009年从全球公开遴选创校校长，选中中国科技大学原校长朱清时院士。在等待教育部招生许可证三年未果的情况下，深圳决定放弃等待，2010年2月，南科大正式开学，首届45名教改实验班的学生入校就读。

朱清时把自己人生规划的最后一站戏称为“南科一梦”。“南科一梦”的核心归纳起来大致为：倡导“去行政化”“教授治校”“书院制”，并努力改变“唯高考论”。

朱校长甫一到任即创新性地推出“先行先试，自主招生，自授学位，自颁文凭”的办学模式，成为备受关注的中国教育改革风云人物，这种“先生孩子，再上户口”的率性，在中国也唯有深圳。

南科大从诞生的第一天起，便把目标定位于“全球一流研究型大学”，朱清时自己曾经在中国科技大学创下过辉煌，也曾在牛津、剑桥等国际顶尖大学做教授，底气自然非同寻常。但对这所犹如试管婴儿一般的大学，外界颇多狐疑，很多高考学生及家长一方面被它的“全英语教学、诺奖大师授课”等诱惑，另一方面又困顿于没有国家统一颁发的文凭。为此，朱校长和他的团队去各地宣讲，结果居然招到了45位成绩完全可以上清华、北大的学子，他们成为第一批“吃螃蟹的人”。与其说要钦佩这些学生，不如说更钦佩那45对家长。他们把自家孩子的前途赌给了南科大，也赌给了深圳。

他们还是赌对了，南科大首批毕业生中，有70%陆续被牛津大学、耶鲁大学、加州理工等世界名校录取攻读博士，其余大都被华为、腾讯等大企业录用，个别学生选择延迟毕业。

目前的南科大，在获得教育部认可的情况下文凭已“转正”，且已成为中国在世界各种大学排行榜上的新锐力量。

十多年成就一所名校，其速度不可谓不惊人。

朱清时2014年9月卸任执掌了5年的校长，正式告别他一生中最艰难、最具挑战的岗位。朱校长离任时，媒体评价南科大是“中国高教改革试验田”，该模式或将弥补中国教育资源失衡现状；朱清时是“教育改革路上的独舞者”“中国高校改革第一人”“一位走在中国教育改革最前沿的教育家”。

宋少帝陵：

风流总被雨打风吹去

深圳几乎总是被冠以“新城”的标签，确实，鳞次栉比的摩天大楼构成了这座城市的天际线，一处处标新立异的新潮建筑让人将这里戏称为“中国建筑博物馆”。

鲜为人知的是，如此崭新的深圳，也有一个隐藏在万千新屋之中的古代文化遗址，而且这个遗址让深圳与一个中国的王朝建立起密切的联系，并且目送了一个王朝离去的背影。

这个遗址便是——宋少帝陵。

一、寂寞锁王陵

赤湾，在蛇口半岛的顶端。

一般人都知道这里有个赤湾港，是个内河船舶和远洋巨轮均能停泊的天然良港。

但几乎无人知晓，赤湾见证了中国古代史上最为惨烈的血与火。

更让人想不到的是，一个庞大的王朝就是在这里咽下最后一口气。换言之，南宋正是在深圳赤湾画上句号的。

有人会惊讶，为什么一个重要的王朝会在荒蛮之地的南方终结呢?

南宋享国152年，一共经历过9个皇帝，深圳赤湾正深埋着南宋王朝的第9个皇帝。

这个陵墓不大，与历代皇帝们死后的巨大陵寝相比，简直太寒酸了。去过北京的游客，常常会直奔昌平区天寿山而去，因为那里埋了明朝的13个皇帝，因此成为著名的“十三陵”。游人往往在花钱购票进入后，流连忘返一天，然后感叹值回票价。

然而，深圳蛇口半岛赤湾码头的这座陵园，却门可罗雀、门庭冷落。它背靠小南山，面朝伶仃洋。墓碑正面刻有“大宋祥庆少帝之陵”八个大字，背面刻有“崖海潜龙，赤湾延帝”，正面镌刻着几个隶书字“宋少帝陵”。

这座陵墓也是目前广东省内发现的唯一的宋代帝王寝陵。

二、少年天子的噩梦

宋少帝是谁?他叫赵昺，南宋最后一个皇帝。

赵昺生于公元1272年，1271年，忽必烈建立了元朝。因此，赵昺从出生的那一刻起，他的命运便注定是一场悲剧。

南宋王朝在蒙古大军的猛攻下，已经风雨飘摇，在赵昺3岁的时候，父王宋度宗赵禥驾崩，比他大一岁的二哥赵㬎即位，称为宋恭帝。此时元兵已饮马长江，南宋国势危急。在临安（即杭州）陷落后，只做了两年不到的皇帝，宋恭帝便被俘，后一度在西藏出家为僧。

南宋大臣护送侥幸逃脱的皇族继续南逃，并在福州拥立赵昺的大哥赵昰为帝，即宋端宗。蒙古铁骑穷追不舍，南宋小朝廷被迫漂泊到广东沿海，慌乱之中退到中山市的井澳海面。一日，海上飓风骤起，南宋船队被吹得七零八落，宋端宗落水差点溺死，因此染病。超过四成的宋朝士兵在这次飓风中丧命。飓风刚过，元将刘深又率兵来攻，宋枢密副使张世杰迎战不敌，一路败逃到七星洋，此役宋军损失船只两百多艘，连宋端宗的舅舅也被俘虏了。

惊惧加上疾病，宋端宗和他不幸的弟弟一样，也仅做了两年的皇帝，便在海上病死，葬于香港大屿山。

此时的老三赵昺成为赵氏皇族唯一的血脉，于是大臣们就拥立7岁的王子为帝，史称宋怀帝，也称宋少帝，改年号为祥兴，此为祥兴元年（1278年）五月。赵昺即位后，任用陆秀夫为左丞相，文天祥为少保，张世杰为太傅，进驻广东新会崖山，以海上为营垒，继续抗击元军。

文天祥是南宋将领中最后也是最大的亮点。

元军打进临安城时，文天祥是临安知府，也就是首都的最高行政长官。在皇室君臣均已撤退后，他仍然坚守都城，并奉命作为使臣到元军中进行议和谈判。但因为据理力争，被元朝丞相伯颜扣留在皋亭山。在被遣送至镇江时，文天祥与部将趁夜色逃脱至真州（今仪征市）。后在元军屡次追缉中，均得以化险为夷。后召集残部进攻江西，曾一度收复部分州县，但终因寡不敌众，士兵都被打溃，文天祥逃出，妻妾子女都被抓住。

文天祥并未气馁，后再聚旧部转战岭南，不料在海丰的五坡岭休整吃饭时，在潮州盗贼陈懿的带领下，元朝张弘范的军队突然出现，众士兵随从措手不及，都埋头躲在荒草中。文天祥被元军千户王惟义抓住，终落敌手。

文天祥被带到张弘范的面前，张弘范的左右官员喝令他行跪拜礼，文天祥昂首道："我乃堂堂大宋臣子，岂能向寇贼行下跪之礼?"张弘范见他一脸正气，也肃然起敬，并不勉强，改以宾客礼相待。但将他押解至崖山，让其劝张世杰投降。文天祥严词拒绝，朗声说："我不能保卫父母，还教别人叛离父母，可以吗?"

后因张弘范多次向他强索劝降书信，于是，文天祥交给他一首手书的诗作，这便是名垂后世的绝唱《过零丁洋》，诗中写道："辛苦遭逢起一经，干戈寥落四周星。山河破碎风飘絮，身世浮沉雨打萍。惶恐滩头说惶恐，零丁洋里叹零丁。人生自古谁无死？留取丹心照汗青。"这首诗恢宏大气，有视死如归、舍生取义的决绝。

"惶恐滩"是江西赣江中的十八险滩之一，当他在江西被元军击败，妻儿老小被俘时，他曾经从惶恐滩撤至福建；"零丁洋"在现在的东起深圳赤湾、西至珠海淇澳岛的海域内。文天祥是20岁即状元及第的末世大臣，此时眼见国破家亡，在茫茫波涛之间，看大好山河沉沦，悲愤交集，内心的焦虑惶恐和孤苦伶仃是外人所难以体会的，更非作为侵入者的元军将帅能够理解。他一连绝食8天，并未能赴死，方才进食。

而只比文天祥小两岁的张弘范，本身也能武善诗。他被文天祥的忠烈孝义和才华横溢所折服，遂收藏了此诗。张弘范曾在元军中置酒宴犒军时请上文天祥，对他说："丞相的仁心孝悌都已尽到，若能改变态度像侍奉宋朝那样侍奉大元皇上，将不会失去宰相的位置。"文天祥饱含热泪地说："国亡不能救，作为臣子，死有余罪，怎敢怀有二心苟且偷生呢?"张弘范感其仁义，派人护送文天祥到京师。

文天祥被押解至元大都（今北京），元世祖忽必烈亲自劝降，许以中书宰相之职。文天祥大义凛然，宁死不屈，最终于大都就义。

1279年，最后时刻到来，一场改变中国历史的崖山战役拉开血腥的一幕。

三、崖山之战，最后的时刻

崖山，位居珠江口西面的崖门海域，踞高临海，地势险要。

这注定是一场最后的生死决战，蒙古大军与南宋哀兵在海面上对峙。张世杰下令焚烧岛上军营行宫，人马全部登船，依山面海摆下战阵。吸取大哥宋端宗在井澳海上被巨浪掀翻龙船的教训，宋少帝下令将1000多艘战船用绳束连在一起，每船之间均有甲板联通，船的四周筑起城楼，宋少帝赵昺的龙船安置在中间，昭示君臣与将士、舰船共存亡的决心。

蒙古军队久攻之下竟无法冲破长蛇船阵，他们效法三国时期孙刘联军火烧赤壁的战术，以小船载茅草和膏脂等易燃物品，乘风纵火冲向宋船。但宋军早有预防，在船上涂抹一层厚厚的湿泥，并在每条船上横放一根根长木，以抵御元军的火攻。元朝水师火攻收效甚微，遂以水师封锁崖门海湾，又以陆军断绝宋军汲水及砍柴的道路，采取长期围困的办法。宋军只能吃干粮、饮海水，士兵呕吐不止。

待宋师疲惫不堪之际，元军发起总攻，在东、南、北三个方向屯兵夹击。元大将张弘范亲率主力正面迎击南宋船队，战斗力和自信心均已丧失的宋军将士，再也无法抵挡虎狼之师，十余艘宋船被迅即攻破。宋师大败，元军一路打到宋军中央。这时张世杰早见大势已去，抽调精兵，砍断绳索，带领十余艘船舰突围而去。

此时位居船阵中央的少帝赵昺已无路可逃，丞相陆秀夫与少帝相对而泣，过后，陆秀夫率领残余的臣子们最后一次向赵昺行跪拜大礼，叩首言道："国事至此，陛下当为国死。德祐皇帝（宋恭帝）辱已甚，陛下不可再辱!"言罢，背起8岁的小皇帝，跳入茫茫大海，君臣集体殉国。少帝之母杨太后看到小皇帝赵昺已死，悲痛大哭，她仰天长叹："我之所以忍辱活至今日，只是为赵宋保留一个血脉，现在血脉已断，我有何面目苟活于世。"于是带领宫女蹈海自尽。不久，逃出重围的张世杰，见朝廷已覆灭，在大风雨中沉溺于阳江海陵岛对面的平章山下。一时间，崖门海域浮起十万军民尸身，海水已不再湛蓝，转为一片血红。

近一个月的崖山之战结束，存活了152年的南宋宣布彻底结束。

宋少帝赵昺的尸体漂流到赤湾海面，据赤湾赵氏族谱《帝昺玉牒》记载："二月初六日酉时，崩于崖山奇石之下，圣寿八岁，后遗骸漂流至赤湾，有群鸟飞蔽其上。山下古寺老僧偶往海边巡视，忽见海中有遗骸漂荡，上有群鸟遮居，心窃异之，设法拯上，面色如生，服饰不似常人，知是帝骸，乃礼葬于本山麓之阳。"

民间也有传说，众人打捞上来一看，尸身是身着黄袍龙衣的童尸。此时赤湾海边天后宫的一根大梁突然倾塌，庙祝忙焚香问卜，方知此梁为天后娘娘赠予宋少帝做棺木之材。于是，宋少帝方入土为安。

南宋就这样在深圳赤湾画上了句号。

四、风流总被雨打风吹去

我常常会有疑问，如此一段惨烈的历史，本该被浓墨重彩地记述，但宋少帝陵却又为何如此寂寞呢?

这可能与这个陵墓的身份确认有关。

因为自1956年郭沫若力主发掘定陵并遭遇失败之后，中国的王陵便被列入禁止发掘之列。按照郭沫若当年的初衷，是想发掘长陵的，即明成祖朱棣之墓，希望找到那部传说中最完整的《永乐大典》，然而长陵太大，不知从何下手，于是转而拿定陵开刀。定陵也非同小可，是万历皇帝的陵寝。郭沫若拉着同样是历史学家的时任北京市副市长吴晗一道给中央打了报告，此意一出，立即遭到众多历史学家的反对，认为就当时的技术条件，贸然挖掘皇陵，若因无法保护而带来的后果是灾难性的。然而依然获得了许可。

开掘的结果确实是灾难性的，定陵被挖开后，大量珍贵的文物瞬间被氧化，大批珍贵的字画、丝织品顷刻间灰飞烟灭，而万历皇帝和他的两个皇后也魂飞魄散，最后的结局是被一把火烧成了灰，凄凄惨惨戚戚地飘向了天边。

自此以后，郭沫若虽然仍有再开掘几座皇陵的雄心，却再也没有获得批准，皇陵不可主动挖掘便成为文物界的铁律。

因此，深圳的宋少帝陵便也无法得以确证，但从零星的史料中可以寻得一些蛛丝马迹。据地方志记载，明朝时期即有人前往赤湾寻找宋少帝的陵墓，但并没有真正发现，因此明朝的官方记录没有宋少帝陵的只言片语。到了清康熙年间，当地的居民就在赤湾发现了宋少帝陵的遗址，但清廷并不热衷于探寻一个汉族的亡国之君的陵墓，导致这个陵墓在历经多次盗墓和战乱之后，逐渐被遗忘。

据赤湾本地老人说，1911年香港赵氏后裔修建了少帝墓，但在1949年后又没于荒草，1963年再被赤湾驻军发现，但也无条件加以修整。

直到1983年，一次农民挖掘土地时，无意中发现了一些宋代陶器和残破的石碑，引起了考古学家的注意。经过勘探和挖掘，终于确认这个遗址就是宋少帝陵，而且还有大量的文物和墓葬品被保存下来。宋少帝陵在1983年即被确定为深圳市第一批文物保护单位。

1984年初，香港赵氏宗亲会又捐资40多万港元，联合蛇口工业区旅游公司对陵墓进行了修葺扩建，并基本形成今天的规模与形貌。

近观帝陵，正中立有一块大石碑，墓碑正中镌刻“大宋祥庆少帝之陵”八个填金大字，显然，此处“祥庆”应为“祥兴”之误，此误应系方言所致，在粤语中，“庆”和“兴”读音相近。右左两行填金小字为：“本山坐于兼祭复卦四支”“辛亥岁赵氏三派裔孙重修”，两旁有一副金字对联：“黄裔于今延宋祀，赤湾长此巩皇陵。”

墓碑身后即为坟堆，有两重弧形围墙，前段中间顶面塑祥云拱月，涂染朱红，后段顶面塑双龙拱日，下有一只凤鸟装饰。应取龙凤呈祥之意。陵墓的东侧，立有一块白石碑，正面是《宋帝昺陵墓碑记》，记叙了宋少帝的生平、陆秀夫负帝殉海的经过以及陵墓的修建情况，碑文为篆体阴文，风格古拙，是著名书法家商承祚所写。石碑背面则刻有著名书法家秦萼生题笔的八个大字“崖海潜龙，赤湾延帝”，字体苍劲有力。

在陵墓西侧，塑有一座高约4米的陆秀夫负帝殉海石雕像，文气中透出硬气的陆秀夫，背负幼主，视死如归，想到当年共赴国难的那一幕，令人既肃然起敬又不胜唏嘘。

行笔至此，不禁想起辛弃疾的词句：“千古江山，英雄无觅，孙仲谋处；舞榭歌台，风流总被雨打风吹去。”曾经的一切辉煌与落寞，最终都会交给岁月。

与宋少帝陵比邻而居的是天后宫，此处香火更盛。天后即妈祖，妈祖半人半神，是沿海民众最重要的信仰。从福建到两广，天后宫或妈祖庙多如繁星，渔民出海与年节必拜。赤湾的天后宫也可追溯到宋代，后历经明清修缮，规模甚巨。据史载，明永乐初年，郑和下西洋，开辟海上丝绸之路，赤湾天后宫即为重要一站。

如今，在大南山下，天后宫与少帝陵一东一西，静默地面朝伶仃洋，顽强地守护着那段如烟往事……

在蛇口眺望大洋

在很长一段时间，媒体对于深圳的叙事，一定起于蛇口，并且大多追溯到那声振聋发聩的开山炮。

熟悉经济特区历史的人们，甚至会说一句话："先有蛇口，后有深圳。"

这句话当然没错，如果没有蛇口的那声开山炮，如果没有横空出世的蛇口工业区，没有那个胆大心细的袁庚，也许未必会有深圳经济特区的建立，即使建经济特区，也未必是这般模样。

然而蛇口的历史要比常人熟知的要久远得多。

一、远去的烟尘

曾经有个故事，也许是个段子。一个女孩初到深圳，和家人通电话，家人问起在深圳住哪里。女孩说住在蛇口，家人大惊，说赶紧搬走，这么危险的地方怎么也敢住。女孩费尽口舌地解释，这只是一个地名，一条蛇也看不到。

如今即使是小学生写作文，也不忘拿这个地名幽上一默："我家住在世界上最危险的地方——蛇口。"曾经有个房地产广告，赫然只有四个字"家住蛇口"，据说楼盘一夜售罄。商人的嗅觉总是最灵敏的，像蛇一样。

其实"蛇口"这个地名，貌似古怪，实则非常形象，取之于蛇口的地貌特征。南头是个半岛，犹如出洞的蛇头伸向南海，而蛇口就位于南头半岛的东南端，其形恰如张开的蛇口。

另有一说，得名于半岛南端的"蛇口山"，从此山之东侧看去，犹如大张着的蛇口。它匍匐在南海边，东临深圳湾，西依珠江口，南与香港新界的元朗和流浮山隔海相望，远眺伶仃洋。

早在宋朝，蛇口便不是一个籍籍无名的地方，它见证了一个王朝的灭亡。蛇口的赤湾，至今还埋葬着南宋最后一位皇帝宋少帝赵昺。

公元1279年3月19日，那个残阳如血的黄昏，8岁的小皇帝赵昺在与大臣陆秀夫相对而泣。他最后的十万将士与所有的亲人均已葬身鱼腹，而四周元军的战船正在杀声震天地掩袭而来，一丝希望也没有了。少帝最后看了一眼行将失去的江山，闭上双目，由着陆秀夫背着自己一起跳下龙船，扑向血红的滔天海浪。

南宋就这样在深圳赤湾画上了句号。

此后，蛇口仍然在历史上扮演着不容忽视的角色。

明朝三宝太监郑和七下西洋，深圳赤湾曾是郑和下西洋路线中的重要一站。自郑和下西洋以后，朝廷使臣出使东南亚，往往会在这里停留并在蛇口天后宫举行祭祀活动。作为古代新安八景之一的"赤湾胜概"，在明清时期的东南亚各国久负盛名。这充分说明，明清时期的赤湾天后宫已成为古代中国对外重要的边贸平台。

二、金蛇狂舞

如果说古代的蛇口带有太多的悲情与凄怆，那么重新闻名于世的蛇口，则充满了荡气回肠的激情与畅快。

但是，当年是如何选中这个名字有点吓人的弹丸半岛的呢?

那是改革开放的史前史了。

1977年5月9日，时任交通部部长叶飞率团访问了北欧四国，同行7人。谁也没想到，其中有一位几年后成为蛇口半岛的掌舵人、“蛇口模式”的开创者，甚至被称为“蛇口之父”。他叫袁庚，时任交通部外事局副局长，岁逢花甲。

在这次为时20天的出访中，这批共和国的创建者们真切地领略到中国以外的世界，所到之处无不体会到中外之间的差距之大，无论是外国的交通、港口乃至整个工业化程度，都比中国先进得太多了，从设施、硬件到管理、运行体系，都把中国的同行远远甩在了后面。在外访的旅途中，他们越看越兴奋，也越看越焦虑，尤其是袁庚一直皱着眉头。他在思考一个问题：为什么资本主义国家能做到的事，我们社会主义国家反而做不到呢？国外的先进经验是否可以为我所用?

此刻，他们不约而同地想到了一个几乎已被遗忘的机构：香港招商局。

招商局是晚清中兴名臣李鸿章上书设立，获得同治皇帝批准，建于

1872年，原称“轮船招商局”，主业是轮船运输。轮船招商局的横空出世，打破了外资洋行垄断中国航运的格局，成为中国民族航运业的旗舰。

1949年，中华人民共和国成立。次年，招商局被中华人民共和国政府接收，成为中国在港全资国有企业，隶属交通部。当时香港尚处于英国管治下，招商局作为央企，在市场化程度极高的香港难有作为，除了十几艘旧船，其他业务乏善可陈。

结束了对北欧四国的考察，交通部向中央领导作了汇报，第一次向中央正式提出了关于充分利用香港招商局的问题，获得了中央的首肯。袁庚受命赴港，出任招商局第29届常务副董事长。

出生于深圳大鹏又熟知香港情况的袁庚，意识到香港寸土寸金，如果在此买地皮搞建设，将不堪承受，但他同时敏锐地发现招商局的船不经过任何检查，可以直接进出香港码头，在内地与香港之间自由往返。由此，他萌生了一个大胆的设想：在内地沿海建立一个出口加工基地，利用广东毗邻港澳的土地和劳动力，吸收香港的资金和技术，如果这样做，香港任何财团都无法和我们竞争。

此想法得到交通部和广东省的赞许，决定在与香港相邻的深圳沿海地段建立工业区，初选了三个公社备选：沙头角、蛇口、大鹏湾。最终经实地考察，确定蛇口。

二十多年后，有人问已经退休的袁庚，有没有后悔当初只要了那么小一块地。袁庚摇摇头：“我没那么大的胆量，当时怎么敢要整个南头半岛呢？我要这么一小块蛇口，也是蛮大的一块土地了。国家能够给予一个企业这么大的自主权，作为一个领头人，我是要负责任的。”

确实，由一个企业独立地开发、建设、经营、管理一个相对独立的区域，并在经济体制和行政体制上进行全方位配套改革，这在中国的城市史上还是首创。“蛇口模式”产生的基础即在于此。

此后，蛇口屡屡做出石破天惊之举，从观念层面到行为层面都冲击着当时缓慢而僵化的中国经济，抛给世人一个又一个拍案惊奇。

1979年7月，沉睡了上百年的蛇口，伴着那声震耳欲聋的开山炮猛然醒来，这既是蛇口工业区基础工程正式破土动工的第一炮，也是标志着中国改革开放的第一炮，同时还是中国首个出口工业加工区建设的第一炮。

如今的蛇口，工业区的格局已逐渐演变为商业区与舒适的住宅区，休闲与观光是这里的主调，星罗棋布的咖啡馆隐藏在每一条巷子深处。谁也没有想到，40多年后的今天，当年那个局促的小渔村会成为国际化的滨海新区。

三、袁庚传奇

这个名字注定要镌刻在深圳的大地上。

他生于斯，长于斯，终于斯，但他的传奇却播向远方。他叫袁庚。

2018年12月18日上午，北京人民大会堂，庆祝改革开放40周年大会正在举行，100名“改革先锋”在大会上受到表彰，袁庚获得了改革开放试验田“蛇口模式”的探索创立者的荣誉称号。100名“改革先锋”里，深圳占了2名，一是蛇口袁庚，另一是腾讯马化腾。

袁庚是土生土长的深圳人，1917年4月23日出生在大鹏湾畔水贝村的一个海员家庭，籍属客家。袁庚不姓袁，本名欧阳汝山。

袁庚的前半生足以拍一部《007》，他担任过抗日东江纵队联络处处长，28岁即被授予上校军衔，并受委派出任东江纵队驻港办事处第一任主任。

在袁庚的情报生涯里，最值得大书特书的事件，便是著名的“文化名人大营救”。这是1941年岁末，东江纵队接到中共中央急电，要求营救一批滞留在港的文化名人，包括茅盾、柳亚子、何香凝、邹韬奋、胡绳等。袁庚和他的情报人员化装潜入了香港的各个角落，最终与他们一一接上头，约定好撤离时间、地点、方式。经过前后6个月的紧张营救工作，东江纵队从港九地区顺利营救出300多名国内文化界知名人士和爱国民主人士，加上其他人士总共营救出800余人。在这次营救中，袁庚和他的战友们的秘密情报工作厥功至伟。

此后，历史的重任便落到了他的肩上。1980年3月，蛇口工业区建设指挥部组建，袁庚任总指挥。这一年他已63岁。

长期派驻在国外的袁庚，是国内少有的知晓外部世界的人物，他对国外的效率观、时间观都非常清楚，因此在他主政蛇口工业区不久，就提出了“时间就是金钱，效率就是生命”。当时“金钱”“效率”这些字眼在国内还很刺眼，但他认定了就必须喊出来。这句话太提神了，于是迅速从蛇口传播出去，深圳的很多工地上都能看到这句话。这句口号越做越大，立在市内通往蛇口的必经之路上，人未进蛇口，先被这种扑面而来的气势震到。

由蛇口创造的这句口号曾经登上天安门广场的国庆彩车，今天依然矗立在蛇口。有人认为，中国走向市场经济，就始于这句口号。

蛇口还有一句口号也振聋发聩：空谈误国，实干兴邦。

当时关于深圳究竟是姓社还是姓资，一时争论不下。但事情还在做，不能停下。袁庚决定对各种质疑乃至责难不予理会，所以蛇口通往市内的大路边又立起了一块大牌子：空谈误国，实干兴邦。

袁庚在蛇口创下了许许多多的“中国第一”，形成了世人瞩目的“蛇口模式”。蛇口，冲破了几十年的计划经济束缚，不仅在深圳改革中一马当先，而且更为中国的改革开放提供了借鉴。

袁庚还在蛇口率先推行了民主选举制，他力主把当时的蛇口工业区建设指挥部改成了蛇口工业区管委会，管委会两年一届，每届均由民选产生，每年由群众对管委会成员投信任票，不信任票过半数就得下台，包括袁庚自己。

这一下又引来更多的争议，但袁庚坚定不移。

袁庚从来不怕批评，蛇口办了份报纸《蛇口通讯报》，在他提倡大力批评的鼓励下，刊登了一篇指名道姓批评他的文章，袁庚大为赞赏，批示给予鼓励，他说：“权力必须受到制约，领导必须受到监督。凡批评工业区领导人的文章都可以不审稿。”在积极而宽松的舆论氛围下，蛇口成为当时深圳最活跃的区域，有人认为蛇口是“经济特区中的特区”。

1993年3月，75岁的袁庚离休，定居蛇口。2016年1月31日凌晨3时58分，袁庚的生命在蛇口画上句号。闻讯从各区前往蛇口吊唁的市民络绎不绝。

那一天，深圳花店的菊花、百合、勿忘我价格涨了一倍。

世上虽无袁庚，改革仍在进行……

蛇口，从一个让人望而生畏的地名，演变成让人望而生敬的符号，它浓缩了中国人坚忍、顽强的精神，成为改革开放不可或缺的领跑者。

坪 山 风 日 好

都说深圳年轻，刚告别不惑之年。而为这个年轻城市做注脚的是这个只有8岁的区，刚进入垂髫之年。

这个区就叫坪山。它是深圳的“新青年”，曾经不被关注，却在几年内走上逆袭之路，在藏龙卧虎的经济特区，一夜横空出世，且大有后来居上之势，不鸣则已，一鸣惊人。

在深圳的区级行政区划中，带“山”字的有两个，西有南山，东有坪山。此二区各踞城市一端，本无太多交集，但近几年却屡屡在传媒上被有意无意地放在一起比较。

原因何在？读完本文便知。

一、围屋旧时月

坪山在深圳的东北角上，它的由来可以追溯到明代。当时坪山属于惠州府管辖，因为地势较为平坦，仅东南部有一较高的田头山，其余均为低矮山丘或平地，故名“坪山”。《说文解字》：“坪，地平也。”后来多有词组“草坪”“停机坪”等。

坪山是客家人聚集的地方，他们从中原迁徙而来。主要有曾、陈等大姓。

有客家人，必有客家围屋。

世世代代的迁徙、流离，锻造了客家人聪慧、低调、情商高的集体性格，他们具有天生的族群认同和自我保护意识，这从他们的建筑风格上可以毫不费力地看到。客家建筑的两大代表是碉楼、围屋。碉楼完全是军事性建筑，高点攻击，立体防卫；围屋则是同宗家族群居之所，世代同堂，封闭式建筑固若金汤，集御外、凝内于一体。

坪山的围屋数量在深圳名列前茅，其中大万世居、龙田世居、新乔世居、丰田世居、荣田世居等大中型客家围屋最为著名。而其中规模最大的大万世居保留了较多的民族、家族演变信息和人文发展元素，被誉为深圳的客家民俗博物馆。

我曾经站在大万世居门前的半月形池塘边，透过深邃的大门朝里望去，仿佛一眼望不到底。这座始建于清乾隆五十六年（1791年）的古堡式建筑，历经风雨，如今依然巍然屹立。

这座庞然大物，占地2.5万平方米，共有房屋400余间，居住在这里的是曾氏家族。该曾氏家族自明永乐年间开始南迁，先迁江西吉安，后迁福建汀州，继迁广东潮州，至十三世始迁坪山，十五世时曾传周开始兴建大万世居。

围绕此楼曾流传一个故事。大万世居原地曾是一片沼泽地，曾传周每天靠牧放鹅鸭和推独轮车赚钱，希望凭借自己的力量盖房子。但后来曾传周建房心切，想迅速致富，竟沉迷于赌博，很快输光了血汗钱。为了回本，曾传周来到亲戚家借钱，亲戚不但不肯借，还教训了他一番。这一顿教训让曾传周幡然醒悟，于是回家后斩断了右手大拇指，以示戒赌决心。自此之后，曾传周戒赌归正，勤俭持家，兴办实业，成为坪山一带的富裕人家，并筹足资金建起大万世居。

走进大万世居，你会惊讶于古人建筑格局的精妙。围屋以四圈回字形建筑构成，内有九条大街、十八个天井、八个楼脚，外加四周相互贯通的走马楼串联成一个整体。围屋内的街巷走廊，互相连接，四通八达，南北格局对称。围屋四周为厚约80厘米的院墙，墙外有护城河，围墙的四个角分别建有四座三层的碉楼。这样一座铜墙铁壁的大围屋，无异于一座兵营。因此建成200多年中，经历过多次兵荒马乱和土匪攻掠，大万世居仍保持原有面貌，不怒自威地高贵地蹲伏着。

深圳的大中型围屋目前尚存20多座，除了坪山大万世居以外，还有龙岗的鹤湖新居、大田世居、茂盛世居等。深圳围屋基本都为方形围屋，这与福建地区的圆形围屋有较大差别。一直追踪研究客家围屋的张一兵研究员认为，形成方与圆形态差异最重要的原因在于“礼制”。“围”和“寨”“城”同源，早期的寨多数为圆，城则有方有圆，多数为方。圆形的城寨，从古到今一直延续，分布呈西北—东南走向，比起方城，圆寨节省工料、防御无死角，但不合周礼，总体上只有河南和闽南有一点遗存，但河南明代以后就没有再建圆寨了。所以闽南由于地处僻壤，严谨的礼制尚未完全覆盖，加上俭省和古风仅存，所以建筑上才留下了这么一点圆形围屋，也叫土楼。

由此可见，客家人虽也流落僻壤岭南，但中原的礼制法度让他们在建筑上留下了自觉的约束。

一座围屋就是一座城堡。

一座围屋就是一个小社会。

几十乃至数百个家庭居住在一个闭合的环境，如果没有清晰的秩序建构，以及极高的磨合机制，那是不可想象的。仍以大万世居为例，大围屋建筑群由于是全封闭的，所以在三堂的前后又发展出两个横向铺开的露天内院，又称上天街、下天街。上下天街是族人休闲、孩童玩耍的公共活动场所，还有公共厨房、厕房、仓库和完整的排水系统。除了公用水井之外，家家户户屋内还设有水井。族人日出而耕，日落而息，过着自给自足的生活。

客家人以他们的智慧与情商，再造了一个世界，他们在自我管理的宗法社会内幸福而安乐地生活，这在今天看来都不禁让人羡慕不已。

坪山的地名很有特色，除了富有客家风味的新畲村、老畲村、樟浦村和新寮村等以外，还有个极为奇特的村名叫“对面喊”。

这个不像地名的地名，确确实实地存在到今天。

“对面喊”位于坪山区石井街道，是个具有300年历史的老村，不仅名字“有梗”，人文底蕴也丰富。

据记载，这个村始建于清初期，因许氏祖先入赘叶氏家族慢慢发展壮大而形成村落。关于村名“对面喊”的来历有一个故事：以前许氏先祖在田心老围（今新联村）居住，叶氏先祖到今对面喊所在地开垦土地建房，家人常在田心老围喊其回来吃饭，一喊再喊，就有了“对面喊”这个村名。

对面喊村主要有许姓、陈姓两大姓氏。许姓为立村之姓，许氏祖先从河北高阳迁移至福建汀州，后又从福建迁徙至广东坪山田心。清初期，再从田心村迁移至本地，在此建基立村。陈姓族谱缺乏具体迁徙历史记载。

对面喊村里不乏老建筑，始建于清代初期的凤昇许公祠，每年春节，许氏子孙都会来这里缅怀祖恩。

对面喊附近还有一所著名的学堂——南中学堂。南中学堂始建于1931年。据田心的老人介绍，1930年以前，对面喊村和树山背村各有一所学校，分别称为秀南小学和培中小学。当时两村不和睦，当地的富豪许让成见状想新建一所学校团结两村人，这个想法得到了族人的支持。居住在香港的华侨许其卓提供了7亩地作为建校场地，同时带回了学校的设计图纸。许让成捐资三分之一，剩下的由每家每户有钱的出钱，有力的出力。1931年，在全族人的齐心协力下建成了新学校，从之前两个学校名中各取一字，命名为“南中学校”，后来人们习惯称为“南中学堂”，两个村子的孩子都可以来此上学。学校落成后还有人赠一副意味深长的对联：“两村敦睦干戈化玉帛，一堂明德新民止至善。”

二、“新青年”出山

坪山区是2017年1月7日挂牌成立的，这列新车一上路即狂飙。曾经被戏称为“关外”的东北角，开启了与都市中心的疯狂赛跑。

先通轻轨、高铁。坪山火车站除开行深圳市境内市郊列车外，还开行深惠汕三市城际列车，并与厦深铁路、广深铁路接驳。

再通地铁。地铁14号线、16号线以及目前在规划中的19号线，均从坪山区域的地下不显山不露水地经过。昔日偏僻角落顿成通衢要津。

坪山“新青年”惊艳出山。

一直以来，提到高科技，人们必然众口一词地道出南山区。不错，那里为主阵地，以电子信息、通信技术为核心，几乎没人联想起东北角这块被遗忘的土地。

然而，2019年深圳市人民政府印发《深圳国家高新区扩区方案》，扩区后的高新园区的发展布局是“一区两核多园”，坪山成为和南山比肩的双核之一，就此一举奠定“西有南山、东有坪山”的双核格局。

南山是先进，坪山是后发，一时双峰并峙。

但坪山高新区面积51.6平方公里，比南山高新区大一倍还多！

2021年3月，深圳市印发《关于支持深圳国家高新区坪山园区建设世界一流高科技产业园区的意见》，深圳市将支持坪山园区与其他有条件区域共建粤港澳大湾区生命健康创新试验区，打造生物医药区域协同联合体。

因此，坪山与南山的高科技定位不同的是，它涉及的三大产业集群触及深圳的短板和新领域：中国芯、智能车、创新药。

这是自2020年支持建设光明科学城、河套深港科技创新合作区深圳园区之后，深圳市政府发布的第三个支持意见。坪山继光明科学城、河套地区之后再一次得到支持。

从整个深圳版图来看，在东部的发展相对滞后于西部的情况下，坪山拥有深圳最具未来性的产业——芯片、生物医药等。在这个领域，它的未来性更领先于南山，同时它的整体定位又与南山齐平。

因此，人们会羡慕地说，坪山拥有四块“金字招牌”：国家新能源

（汽车）产业基地、国家生物产业基地、国家新型工业化产业示范基地和综合保税区。

走进坪山，高精尖随处可见。他们擅长的是“抢”。

不仅抢高校、研究室，坪山还疯狂抢人才！

著名哲学家、作家、学者周国平出任坪山图书馆馆长；

全球知名女科学家颜宁担任深圳医学科学院院长；

清华大学郑泉水教授就是超滑技术研究所的组建人，他带来了一支汇集国内外超滑领域著名学者及跨学科高级人才的研发团队；

全国政协常委、香港医管局前主席胡定旭，香港生物医药创新协会会长卢毓琳等9人被聘为坪山区委、区政府顾问；

国务院参事王京生、英国著名人类学家艾伦·麦克法兰等38名专家学者组成了坪山文化智库……

三、比亚迪传奇

在今日之中国，不知道比亚迪的人为数不多。比亚迪汽车是国产电动车的先驱和典范，并造就了一个品牌与一个人的传奇，这便是比亚迪与王传福。

沃伦·巴菲特是世界第一的投资商，投资额超过比尔·盖茨，他的投资兴趣在股票、基金、电子现货等方面，对投资制造业了无兴趣，更遑论投资汽车，而且还是来自中国的汽车。但这一切都是在他遇到王传福之前。

2008年，78岁的巴菲特见到了42岁的王传福，两人相谈甚欢，虽然在此之前不断有人向他提起过这个人，但还是在交谈之后，才使一向谨慎的巴菲特毅然决定投资新能源汽车比亚迪。原来无论是高科技还是汽车，都不是他喜欢的投资项目，他称这是他和科技股的“初恋”，并且更明确地说：“押注比亚迪，并非看重比亚迪产品，而是王传福这个人。”

不能不佩服老人家的眼光，他确实没看走眼。

王传福是出生在安徽的农家子弟，他通过读书改变了命运。

他本科、硕士都是读冶金物理专业，并如愿留在北京有色金属总院，29岁时从北京有色金属总院辞职，来深圳创办了比亚迪。他从手机锂电池入手，继而进入汽车充电电池行业，并最终杀入汽车制造业。

如今，比亚迪作为中国不多的真正自主研发制造的汽车企业，已建成北京、深圳、上海、西安四大汽车产业基地。王传福的理想深不可测，不是一个比亚迪汽车可以承载的。

2016年，比亚迪在深圳举办了“云轨”全球发布会，正式宣告进军轨道交通领域。“云轨”是比亚迪针对世界各国城市拥堵问题推出的战略性解决方案，将成为城市居民未来便捷的新型交通工具。

从电池到汽车再到轨道交通，王传福和比亚迪继续朝着梦想走去。

四、文化在坪山

坪山风景很好，有绿树成荫的马峦山郊野公园，有日夜流淌的坪山河。

但它最好的风景，不是自然风景，而是文化地标。

坪山曾经是深圳的大工业区，但经过这些年的改造，已经变成彻头彻尾的大文化区了。

每到周末，市中心的青年人，便会乘坐各种交通工具，来一场说走就走的文艺微旅行，去到他们的“宝藏坪山”打个文艺卡。

最先去的自然是那座“悬浮空中”的坪山美术馆，这个以不同高度分散设置功能区的建筑，让人眼前一亮。每月来自国内外不同的艺术名家的艺术展，让深圳人与世界先锋艺术保持同步。

在它隔壁的是坪山大剧院，这个巨大的“戏剧方盒”让戏迷们一睹伦敦西区原版话剧和西方歌剧。

离它们不远处，便是高达40米的“扭扭”坪山图书馆，这个现代感十足的图书馆持续打造了“书话坪山”“大家书房”“与周国平共读一本书”等文化品牌活动。国内顶级文化名家频频亮相，为市民带来“家门口”的文化体验。

坪山文化拼图的最后一块，应该要算被无数剧迷追捧的“长守戏剧谷”了。长守村是个有300多年历史的客家古村，坪山区在2023年引进国内民营原创戏剧机构，活化利用长守村江氏客家围屋，打造长守戏剧谷。张国立带着一帮戏剧人，其中包括了1987年版《红楼梦》中的几位主演，在长守戏剧谷里精心打造出《我爱桃花》等新创排话剧。这些新剧场场爆满，被都市打磨得日益钝感的文艺青年们重新“复活”，他们追戏追星，戏剧谷逐渐形成文化聚集效应，客家古村因戏剧而焕发新生。

就此，一系列文化地标形成的“文化聚落”，成为坪山人生活的底气，并提前锁定深圳东部下一个中央居住区。

每到夜幕降临，坪山仍未安静，最大的河——坪山河穿城而过，穿过马峦山，穿过坪山城，穿过城市会客厅“燕子湖片区”，穿过沿河而建的滨河公园，流进坪山人的“中央公园”和“塞纳河”。

此时，有浪漫的年轻诗人，会吟一句：坪山，今夜你是宇宙的中心。

风 雨 话 土 洋

从深圳市区去东部海边，半路上总会有一个地名牌从沿海高速右边跳将出来——土洋，这个名字看上去有点儿怪，又土又洋，见者无不大感有趣，但一闪而过之后，没几个人会真的下去探个究竟。所以，土洋这地方究竟是土是洋，好像也始终弄不清。

我是个喜欢四处游荡的人，深受本雅明“城市闲逛者”理论的影响。无论在哪个城市，我都不喜欢按照官方给出的指引图行走，而是习惯拿着个地图随意闲逛，每每会在漫无目的闲逛中，找到各种新鲜的体验。如今有了网络导航，我的城市闲逛又扩大了许多疆域。

土洋村，便是我众多闲逛中的一次美妙发现。

一、偶遇土洋

第一次进土洋，纯属歪打正着，当时的目标是大梅沙海滩，但车还没到高速出口，便拥堵异常。想起此时海滩上一定如饺子下锅，我瞬间改了主意，决定继续向东，走到哪里算哪里。

这就远远看到这个屡屡刺激我的地名，于是决定去会会这个亦土亦洋的地方，方向盘一转，便从空落落的出口畅行出去。身后的车流继续向东呼啸而去，估计都是奔着葵涌、西涌而去。

这一个临时改道，让我欣喜不已，经过一段土路，穿过一个隧道，在一个高坡上转了个弯，海湾骤然扑面而来，沙滩上的游客居然寥寥无几。村子的巷道也是僻静清幽，与几步之遥的海滨村落的喧闹形成巨大反差。恍惚间让我怀疑，这是天外飞来的村庄。

在村里慢慢溜达，发现这里的建筑还真的是又土又洋，既有岭南传统的青砖镂花民居，又有西洋风格的天主教堂；村中既有老树古井，又有别墅洋房。蜿蜒曲折的村道，都是石子路和水泥路。全村没有大型超市，也没有其他地方常见的饭店酒楼，只有几家门面不大的饭店，毫不张扬地掩映在大榕树的浓荫中。

让我最感意外的是，在仔细探访之下，发现这里竟是众多历史事件的交集之地。一种“踏破铁鞋无觅处，得来全不费工夫”的欣喜跃上心头。此处先按下不表。

照例还是先要探究一下名字。

土洋，首先让人望文生义的是“土洋结合”“土洋并举”之类的词语。但这个土洋村名，其实与上述的意思无干，甚至倒有点反其道而名之的意味。

据村里老人口述结合地方志记载，“土洋”的得名与一场冲突有关。

在民国初年，土洋村旁边的沙鱼涌海滩甚是繁盛，是个远近闻名的重要海运港口，远洋运来的物资都会从这里发往各地，而内地的各种资源也都从这里远渡重洋，因为是主要囤积西洋物资的港口，所以被称为“屯洋”。如此重要的屯洋之港，自然成为各方争夺的风水宝地。屯洋村和周边的村庄为了争夺这个沙鱼涌海滩，先后发生过无数起大小争端。其中最严重的是民国初年那次，葵涌镇的其他17个村和屯洋村爆发了一场大规模的“沙鱼涌之争”，这场力量悬殊的争夺战结局却让人始料未及，“17村联军”居然败给了区区一个屯洋村。对这个大逆转结局，我妄自揣测，屯洋村是否在当年“屯洋”的大量物资中，还私藏了洋枪火器，否则何以如此骁勇？

总之，17村完败。但他们不服，于是一纸诉状将“屯洋”告到了县衙，状纸上写道屯洋村人“土霸洋盗，独占海滩”云云。县官决定亲自走访定案。县太爷骑着马前来屯洋村实地考察时，恰遇退潮，此时沙鱼涌海滩与屯洋村连成一片，而且在一条直线上。于是，县官果断地大笔一挥，将沙鱼涌正式判给屯洋村，这段公案遂画上句号。

官司是了结了，但屯洋人“土霸洋盗”的名声算是远播四方了，“土霸洋盗”在口传中逐渐缩略成“土洋”，所以屯洋村便落下了“土洋”的诨号，诨号叫得多了，便成为大名。此后的区域调整中，该村的名称便正式成为“土洋村”。

另据1999年编撰、出版的《广东省志·地名志》所载，土洋村因村民“以土填洋立村，故名”。对于这一种说法，我倒非常怀疑，因为土洋村是清朝就有的老村子，土洋的名字也自民国初即有。无论是清朝还是民国，彼时宝安县地广人稀，空闲之土是大大的有，完全无需填海造地，所以

"以土填洋立村"是今人的想象，殊不合理，当不得真。

二、史发之地

这是一座已经载入史册的建筑。

它静静地立在那里，像一座巨大的碑。

这是一座天主教堂，也是土洋村最显眼的楼房。

教堂建于1912年，为意大利传教士所建。1941年，太平洋战争爆发，日本人攻进宝安县，教堂的神父逃往海外。

抗战时期，广东人民抗日游击队东江纵队（简称东纵）正是在土洋村宣告成立的，这座村中最显眼、最庄严的教堂也便成为东纵的司令部。

教堂并不高，一共三层。由主楼、礼拜堂和附属用房组成，中间有走廊相通，建筑总面积大约400平方米。主楼在西面，呈奶黄色，是三层的夯土木结构楼房，外立面及内部装饰均为意大利风格，楼上是阳台，顶部有个方形钟楼，上面立有一个墨绿色的十字架。教堂的正厅便成为东纵的会议室和指挥部，主楼的神父寝室便成为司令员曾生、政委尹林平、副司令王作尧的卧室。

东面是礼拜堂，曾经是教众们祈祷唱诗的地方，现在已成为东江纵队历史的展览室，陈列了东江纵队的诸多珍贵文图史料及实物。还有几间砖木结构的小平房，当年曾做过马厩和电报房。楼房后面有块平地，曾经是游击队战士们的练兵场，后来在此建了一个"东江纵队纪念亭"。

与土洋村以及这座教堂相关联的是一条重要的历史词条：土洋会议。

1944年8月，根据当时日军侵华的态势，中共中央判断日军必将极力寻求打通粤汉铁路，东江纵队应该不失时机全面开展敌后游击战争。于是，中共广东省临时委员会和东江军政委员会在土洋村召开了联席会议，商讨如何落实中央决定，并制定有针对性的几项具体措施。“土洋会议”形成的几项重大决定是：1. 研究和部署广东省开展抗日游击战争问题；2. 通过了《关于今后工作的决定》，决定在广东全省深入开展敌后游击战争，建立根据地和发展新游击区；3. 创立罗浮山根据地，并向东、向北发展；4. 广东省全面恢复和加强共产党组织活动；5. 为加强粤中地区工作，决定在粤中地区建立军政委员会，受东江军政委员会领导。

“土洋会议”被视为广东人民抗日武装发展的转折点，毛泽东主席亲自批示，对“土洋决议”高度评价。

我们熟知的东江纵队的很多抗日壮举，原来都是从土洋村这里策划、部署出来的。具体些说，很多指令就是从这座教堂二楼的那张四尺见方的黝黑方桌、七八把靠背椅子上发出来的。这个被人忽略的海边小村，不经意地成为中国现代史上的一个重要策源地。

抗战胜利后，根据国共两党重庆谈判签订的协定，东江纵队主力须北撤山东烟台。1946年6月30日，在以曾生为首的北撤部队军政委员会的统一指挥下，东纵北撤人员2583人在沙鱼涌登上三艘美军登陆舰。一声汽笛，东纵英雄们驶向茫茫大海，离开了这片为之抛洒热血的疆场，很多战士后来牺牲在解放战争中，再也没有回到这片土地。1985年9月，深圳市政府在当年东江纵队北撤登船地点修建了“东江纵队北撤纪念亭”，并立起了纪念碑。

人民不会忘记。

当然，土洋村的历史还可以追溯到更久以前，距今至少已有200多年。

这牵涉到清初的一段“禁海复界”的秘史。

当时清军刚刚入关，推翻了明朝，但明朝的抵抗力量并没有全部缴械，其中影响最深广的是抗清名将郑成功。他在清军的向南挤压下，顺势渡过台湾海峡，赶走荷兰人，收复了台湾，并以台湾为基地，通过东南沿海不断打击和骚扰清军，试图反清复明，令清军头疼不已。

而作为马背民族的满洲族人，他们在草原乃至陆地上可以纵横驰骋，但面对浩渺无垠的大海，除了头晕，好像也没有什么能做的。

他们唯一能想到的策略就是“禁海”，为此不惜实行“迁界”。

顺治十八年（1661年），清廷断然决定实行强制迁徙濒海居民的政策，将沿海边界整体向北迁移50里，将此范围内的“迁界区”变成无人区，而深圳地区恰好处于迁界区。

虽然此地本来不多的居民都是移民，但他们毕竟也在这里生活了若干世代，这里有他们重新建立起来的家业，有良田、祖屋，有渔业、盐业收入，还有同海外进行贸易交往的口岸，所以起初均纷纷抵制迁界。一声迁海令下，多少村庄成为废墟，又有多少沿海居民因为不舍北迁，被以违旨“透越（越界逃走）”的罪名处死。

直到清政府统一台湾，结束了两岸对峙的局面后，康熙才施行“展界”政策，也被称为“复界”，就是允许被迫迁离的沿海居民复归故土，并鼓励其他移民来此定居，使其在沿海大片弃地上重建家园。展界之后，又正式下令开海贸易。

清初复界后，采取了大量优惠政策，吸引北方移民，于是大量移民再次陆陆续续涌入深圳垦荒。

清雍正年间，北方移民即已来到土洋村拓土垦荒。最先来到的有两支，一支姓李，一支姓利。李氏系从甘肃迁徙至梅州，后从惠州再迁至此地；利氏系从福建迁徙至河源，后从河源再迁至此地。这一南一北的两姓在土洋村融合得很好，而且世代通婚，成为客家村落多姓氏和谐相处的典范。今天在土洋老围，供村民进出的大门两侧，李氏宗祠与利氏宗祠仍然各踞一边，“相看两不厌”。

土洋村风水甚好，背靠犁壁山，东接沙鱼涌，西接盐田港，南濒大鹏湾，与香港隔海相望，真正是“面朝大海，春暖花开”。

三、再造传奇

改革开放催生了一个全新的经济特区。

但在最初的那些年，土洋村却徘徊在经济腾飞的大门外。

当深圳正以“三天一层楼”的速度飞速崛起时，土洋村民仍然日出而作、日落而息地在农田里耕作，在海面上打鱼。紧邻的沙头角靠着中英街炙手可热，身旁的大小梅沙、东西涌也都凭着天然泳场成为旅游胜地，但是拥有东纵司令部旧址的土洋村，还是默默无闻地蛰伏在冷清中。

此时有一个人坐不住了，他叫利锐良，是土洋村的书记。

利锐良1987年接手书记时，前任交给他的是1000元，这是村里的全部家底。他傻眼了，这点钱连给工作人员发工资都不够。

利锐良是个要强的人，他不能让村子在自己的手里继续受穷，他想让大家伙儿都能过上好日子。但是理想很丰满，现实很骨感，他们一时找不到更好的致富良方，只能继续品尝着缺钱的滋味。他想贷款建厂房，但村里哪有人愿意冒那个风险，后来他一咬牙，决定将自家的房子拿出来抵押贷款，这又遭到了全家的反对，老婆质问他："有冇搞错啊，拿自己的房子抵押，日子还过不过了？贷款还不上，全家都跟着你喝西北风啊？"利锐良软硬兼施地说服了家里人，拿出了自家的房产证，跑到当时的葵涌镇信用社，用这房子作抵押，总算贷出了15万元，在当年这可是笔"巨款"。

利锐良用这笔"巨款"建起了4幢厂房，厂房还没完工，就有港商前来要求入驻兴业办厂。合资建厂让村里有了稳定可观的收入，尝到了建厂房出租的甜头。第二年，利锐良为土洋村再贷回55万元，扩建了更多的厂房，这一来，土洋村原来不值钱的黄土变成了黄金。这个原来深山坳里的小渔村，工业代替了农业和渔业，从零起步一下子跃升为远近闻名的富裕村。

没有几年，土洋村的集体收入从最初的1000元飞速达到100万元以上，超了1000多倍。这个速度也只有在那个年代的深圳才有可能。

从1997年开始，一个土洋工业区的年创汇就相当于葵涌街道其他8个社区的工业创汇总和，土洋社区成为葵涌街道多年的首富社区。土洋坐拥30多幢厂房，仅靠合资建厂，村民年分红便可高枕无忧，再也不会为钱发愁。利锐良的老婆自然也没跟着他"喝西北风"。

土洋村创造了葵涌镇的许多项第一：建起了第一座宾馆；盖起了第一套别墅；实现了第一家集体分红；完成了第一家村民集体办社保；引进了第一家超级市场；设立了第一个村级派出所；还有第一个医疗保险站……

完成了原始积累之后，利锐良的思路又开始转向前景广阔的第三产业。周边都在海滨旅游中热气腾腾，夹在其间的土洋村怎么办？利锐良当然知道靠山吃山、靠水吃水的古训，只是他独具慧眼，不想走别人现成的老路，守着东江纵队司令部旧址和北撤纪念地这么好的金字招牌，自然要发展人文历史旅游。他又带领村民修缮红色故居，建好进村的公路，打造周围的环境，逐渐使村子成为喜欢人文旅游的游客的热门打卡点。

利锐良做了24年的土洋村党支部书记，他把一个资产千元的穷村变成了葵涌街道的首富社区，他的许多传奇故事，在葵涌一带居民的口中竞相传播。2011年，利锐良卸任了，别人满以为他可以安享退休生活了，但是仅仅三个月，他就走了。那三个月，人们看到他仍然活跃在土洋社区乃至葵涌街道的各种场合，和村民交谈，和投资商交流，接待外来的访问者，他好像比以前更忙。利锐良以豪饮著称，尤其喜欢德国黑啤，他一直戏称黑啤为“happy（快乐）”，所以经常在各种场合看见他端着啤酒杯畅饮黑啤，仰头大笑。他也毫不介意别人称他为“黑啤书记”，或者“happy（快乐）书记”。他依然在帮助新上任的接班人处理公务、洽谈业务。

这位领头改变土洋村面貌的“happy书记”还是匆匆地离开了，那年他才64岁。

但在他走了14年后，许多人还记得他，并不时提到他。

土洋村，这个大鹏湾畔的渔村，是不同时代经纬交织的产物。

它既有蓝色血脉，又有红色基因，充满着丰富的个性。

它有骄傲的资本，又有内敛的性格，所以一直不温不火地在海边守护着它的过去，只有那些有心人，才能有幸听到它娓娓道来的久远故事。

醉美布吉

布吉是深圳的咽喉，从粤东、闽、赣等地区进入深圳中心区，这里是必经之地。

从地图上看，布吉处于深圳的正中央，南边紧邻着罗湖区，离市中心的福田区也就10公里；离香港的新界更近，只有区区8公里。记得20世纪90年代初，刚来深圳时，没去过香港，老深圳就说，你去一趟东门，再去一趟布吉，就知道香港大概什么样子了。过去一看，果然灯红酒绿，果然车水马龙，果然不夜城。弯曲狭窄的马路两边，商铺密不透风，闪烁的霓虹灯下穿行着红男绿女，进口汽车高唱着流行歌曲呼啸而过。

如今，老东门经过改造，新得不像话，已经不似香港。而布吉却依然还是那些弯曲狭窄的马路，依稀留下些昔日香港油麻地的模样。

一、广布吉祥的地方

初到深圳的人，无不对“布吉”这个名字充满好奇，我也不例外。我甚至觉得这个名字挺洋气，颇有异域风情。尤其是早年去泰国，游普吉岛，看见有些地方木牌上也用汉字写着“布吉”，让我顿生尚未出国的错觉。

所以，一早就对布吉这个地名产生兴趣。这两个毫无关联的汉字是怎么混搭到一起的呢？说来话长。

明初设立东莞守御千户所，在此处派驻卫所士兵实行屯田，称“莆隔屯”。明末卫所制度衰落，屯兵逃散，军屯演变为村庄，称“莆隔村”。查清康熙《新安县志》，都把现在的布吉村称为“莆隔山”“莆隔村”。莆者，水草也，与蒲同，古代多有香蒲、菖蒲之类植物；“隔”则既有隔断、间隔的意思，又可作名词或量词，意指格子，大一点的格子，也就成了一片。正如福田原本是“幅田”，意指成片的田地，此处的“隔”与“幅”便都具有量词的作用。所以“莆隔”连起来的意思大约是：一片一片的莆草地。

后来在日常交流中，为了方便，很多地名逐渐简化，所以在清嘉庆版《新安县志》中，“莆隔”便成了“布隔”，按客家方言语音相近，笔画更少。

那么，“布隔”又是什么时候成了“布吉”的呢？

据说在宣统二年（1910年），广九铁路即将竣工通车。此趟列车从广州大沙头开出，经过新安县罗湖桥驶往香港九龙，此时需要标注沿线各站名称。他们便选定新安县丰和墟为一站点，工程技术人员标注地名时询问村名，答曰布隔，港人讲白话，白话中“隔”与“吉”同音，技术人员便取“布吉”，看上去一目了然，听起来口彩甚好，寓意广布吉祥。

长期处于南北文化碰撞中的深圳，有太多这种在客家话、广府白话与北方话之间的融合和转换，比如，布吉村附近的草莆村（今草埔村）、莆心村（今布心村）等。

换名如换刀，广九铁路开通后，这个新名字果然给布吉带来了好运，原来的布吉老墟（丰和墟）里的商铺纷纷搬到了火车站边，在火车站两边形成了一个更加兴旺的新墟。因为香港的物品可以直接到布吉，客商们在布吉站便可以直接将货物接收、交易、转运，因此，这个布吉新墟抢走了离它近在咫尺的深圳墟的不少风头。广九铁路布吉站也就是如今的深圳东站，虽然它没有罗湖火车站那么有名，但它们的资历却是一样的老。

也是因为这个车站，香港的不少商人为了在这里中转货物，便租住于布吉村。也许就是从那个时候起，布吉逐渐被港味熏染上了，并成为深圳最像香港的村镇，又因其规模与繁荣程度，一度被称为“深圳第一镇”。

改革开放初期，布吉曾经是从关内向关外的一条重要通道，天天堵车，有时会堵得让人发狂。记得有一次外出采访，打了一辆的士，司机一听说去布吉，眉头一皱，用特有的湖南攸县口音吐出一句：“去布吉呀，那不急哦。”

二、壮志“凌”士

布吉原居民中，最大的姓氏是凌姓。

凌氏是一个古老的姓氏，得姓始祖是周文王少子卫康叔，出自河间郡（今河北省河间市）。卫康叔有个儿子在周王室为官“凌人”，他的后人就以其官职作为姓氏，由此产生了凌氏。“凌人”是负责什么的官呢？据《周礼·天官·凌人》记载：“凌人，掌冰。正岁十有二月，令斩冰，三其凌。”也就是说，每年冬天凌人都要带领众人采冰，封存在冰窖里，配备树叶等隔热材料，以备来年夏季使用。

凌氏名人不多，三国时威震江东的东吴大将凌统，明朝写《拍案惊奇》的作家凌濛初，均属凌氏名人。

广东凌氏系明末迁入岭南，客居梅州程乡里梅塘，开基始祖是凌隆祥。凌隆祥史料记载甚少，只知其为南宋人，官至正议大夫，考授翰林。由江西赣州迁入广东。

布吉凌氏系清康熙初年（1662年）前后，凌日林自嘉应州大拓（现梅州平远县石正村）迁居龙岗布吉老墟，为布吉凌氏一世始祖。凌日林有五子，长子育才、次子育斌分别定居布吉一村及布吉老墟，五子育千则移居李朗。

凌氏宗祠位于布吉一村三巷9号，初建于康熙年间，在乾隆、道光及民国时进行过几次重修。堂号凌云堂。凌氏祠堂的建筑具有非常显著的中西合璧的特点，灰瓦白墙，西式拱形门，中式的立体灰塑，斗拱飞檐、雕梁画栋，里面是纯粹的客家风格。宗祠重修时正梁上中有一空洞，放置了记录修建年代的铜钱四枚，分别为：康熙一枚、乾隆一枚、道光一大一小各一枚，2008年修建时又在空洞中加入了当年的新币。

布吉凌氏是深圳地区最早的基督教徒。咸丰二年（1852年），凌日林之玄孙凌振高，为人诚朴，年届四十，率子启莲和家人由瑞典牧师韩山文、德国牧师黎力基二人施洗入教，并建存真书院，后改为李朗乐育神学院，这也是深圳最早的神学院。如今，布吉教堂仍是深圳的一大景点，这座110多年的高大巍峨的西式建筑，记录了中西方文化融合、交流的历史。

布吉凌氏近代最著名的人物要数凌道扬先生了。他是1912年的留美学生，先后入读麻省农业大学和耶鲁大学林学院，回国后成为北京政府首屈一指的农学家、林学家。其最早上书政府倡议清明节为“中国植树节”，并获批准。他先后出任南京金陵大学（现已并入南京大学）等多所高等院校农学院主任，1955年任香港崇基学院第二任院长，并以香港中文大学筹委会主任的身份成为港大的主要缔造者之一。凌道扬一生著作甚丰，以105岁高龄寿终正寝。

三、大芬村的梵高们

后来让布吉再度火起来的，还是大芬村。谁也想不到，一个貌不出众的小村，居然成为一个油画村，那高雅的艺术与杂乱的村子是怎么联系到一起的呢?

1989年的8月，一个身材不高的香港人，领着一帮人来到布吉镇的大芬村。他们在村里不停地转悠，转了一整天，最后停下来说：就选这里了。

此人名叫黄江，是个画师，在香港开着自己的画廊，因为港岛的租金和人工成本越来越高了，便想转移到深圳。于是他带着弟子们来深圳碰碰运气，他们看了很多地方，都下不了决心，直到他们走进大芬村。

多年以后，黄江解释当初选中这里，是因为这里符合他们的几个条件：租金便宜、环境安静、交通便利。本来这三条标准都很平常，但三条凑在一块，难度就大了，大芬村恰好吻合。黄江暗道：天助我也。

当时的大芬村籍籍无名，即使在布吉镇也属于偏远小村，只有0.4平方公里，区区300多村民，堪称袖珍。改革开放以前，村民单纯依靠种田为生，人均年收入不到200元。即使改革开放后，大芬村也没有像其他一些村那样，靠建厂房做“三来一补”加工厂发达起来。正因如此，虽处205国道旁，却窘迫依然。

黄江回忆道：“我刚来这里时到处尘土飞扬，无人愿意久留，一到天黑，犬吠不停，没人敢出家门。”因此，跟他同道而来的60个香港弟子，跑得只剩下20人，年轻人哪能抵挡得住流光溢彩的市区近在咫尺的召唤。

黄江和剩下来的弟子们待下了，他们租了农民房，冒着酷暑跑市场、找业务，经常往返香港拉订单。为了赶工期，他们连夜加班加点，绝无假期。客户和订单逐渐多了起来，画店自然也就相应增加。生意不再仅局限于内地与香港，逐步做起了外销，先是日本，然后欧洲、美国。

直到1992年4月，一位法国客户突然带来一份36万张画的订单，规定要一个半月完成。面对这份大蛋糕，黄江决定，要扩大画店规模。闻风而来的其他画商也都在朝大芬村聚拢，“大芬油画村”初具雏形。

36万张画，依靠几十个人工在一个半月内画成，这几乎是天方夜谭式的任务，万一在规定期限内交不了货，就要赔钱，黄江深知这点。于是他们创造了一个世界油画史上的新职业：画工。黄江和他的伙伴们从深圳工厂的流水线上得到启发，既然所有的产品都可以通过流水线生产，油画为什么不可以搞流水线？于是他们做出了一个也许只有胆大的深圳人才可能做出的创举：做流水线油画。

他们将几十位画工分为不同的组，分别负责画天、画地、画山、画水、画树。同一个画工只负责相同的部分，各幅画差别很小，速度也会比一个人从头到尾地画一幅画要快很多倍。等画工们把画都“组装”成功后，再由几位艺术水平最高的画师进行整体修饰、提升。就这样，看来不可思议的任务居然完成了。交货日到了，法国人来验货，看到这些画像是从原件复印出来的一样，但又确确实实是用油彩一笔一笔画出来的，感到极度惊讶，声称这是一个奇迹。

名声大噪之后，全世界的画商们都到大芬村来订画，大芬村的油画畅销欧洲。油画这种由西方人发明的艺术，在东方找到了自己的工业化生产方式，这是始料未及的。有外媒曾在报道大芬村的文章中称："全世界的墙壁上都挂着他们的油画。"

30多年过去，大芬村已经由原来的穷乡僻壤成为艺术商业的重镇。它和深圳这座超级城市一样，野蛮生长为世界上最大的油画批发集散地。这里密密麻麻地汇集了1200多家画廊，最高时有8000多位画师在这里作画、生活。世界油画市场有60%的画作出自大芬村的画家之手，一年的油画产值超过45亿元。

起初的大芬村，只是个临摹油画名作的流水线，但在画家们生活逐渐改善后，他们不满足于此，开始走上了原创之路。这些画工们从未接受过专业的美院教育，绘画也曾只是谋生方式，但就算是如此，也并不能剥夺每一个人成为艺术家的权利。

他们深知时代在变，大芬村的模式也要变。现在的大芬村，已经从单一的行画市场走向了原创油画基地，大芬村美术馆里经常是名画家与村里画家联合办的展。他们的作品从出口拓展到内销，曾经不习惯挂西画的中国家庭，如今装修时也越来越喜欢买几幅油画作为装饰。画家们的画廊从单一到连锁，咖啡馆、酒吧也逐渐星罗棋布，人们除了买画时"论堆论斤"地讨价还价，更多的时候开始讨论起艺术风格、流派这些以前觉得陌生的话题。

村里也有了艺术拍卖行。已经成为大芬美术产业协会终身会长的黄江，经常坐在他的拍卖行楼上，和画师们、弟子们讨论大芬村的未来方向。他们正在努力把村里的油画从线下搬到线上，实现足不出户便可卖画的梦想。

在“中国制造”向“中国创造”转型的过程中，大芬油画村以它自己的方式作着独特的贡献，它自身也在永不停息的嬗变中。

四、物质与精神无缝对接

民以食为天。在深圳人的餐桌上，很少有与布吉农批市场的蔬菜肉蛋无关的。无论你是否去过那里，即使是你们家门口的菜市场，那些露水欲滴的青菜、鲜血殷红的肉类，都极有可能是从布吉农批市场批发过来的。尤其是在2010年以前。

记得1993年底，我第一次见识布吉农批市场的时候，真叫大开眼界。因为岁近元旦，报社采访任务太多，忙不过来，便让我这个跑政文的记者去采访“菜篮子”。我问跑线记者，布吉农批明天几点钟开门？他愣愣地盯着我看，看得我发怵的时候，他才说，哪有什么几点开呀，你啥时候去都有人候着你，你要想看最热闹的时候，那就凌晨3点钟去。

我喜欢熬夜，仗着那时候年轻，压根就没睡，挨到凌晨两点半，便骑着自行车朝布吉农批市场蹬踏而去。还没进市场，就被射来的强光和鼎沸的人声所震慑，推着车进了市场，瞬间目瞪口呆。一车一车的海鲜排着队鱼贯而行，海鱼是海鱼、海蜇是海蜇、生蚝是生蚝，都有条不紊地去了它们该去的档口。活禽区、鲜肉区、蔬菜区，每一条巷道仿佛都望不到头。灯光明亮如昼，批发商和小商贩早已把所有空间填满。当时脑子里顿时冒出来一句感叹：都说深圳夜总会可以通宵达旦，未曾想菜市场也是不舍昼夜呀。

我从砍价的人们中间挤过去，找到市场管理办公室，在那间不大的办公室里，才得到这个农批市场的基本情况。

一位姓杨的主任告诉我，布吉农批市场是深圳当时最大的农产品批发市场，1989年10月28日建成开业，占地面积15万平方米。我说我对面积没什么概念，能给我一个通俗的概念吗？他说这就相当于20多个标准的世界杯足球场，这只是一层的面积，而我们是两层。布吉农批市场是国家仅有的几个农业产业化龙头企业，是国家级中心批发市场，也是深圳市菜篮子重点工程。

看着外面还排着长长的车队，我顺口问了一句，深圳人的食量就这么大吗？杨主任笑笑说："我们岂止是满足深圳的几百万人，这里是华南地区包括港澳的农产品供应中心之一，里面的供货商也都来自全国所有的省、自治区、直辖市，只缺港澳台。"

听他这么一说，我只有目瞪口呆的份儿。

离布吉农批市场仅仅4公里，还有一处亮眼的地方，文博宫，那个地方我熟。

文博宫的位置在凤仪山南麓，依山傍水，古树参天。这里融自然景观和人文景观于一体，其身后的凤仪山片区由十余座山头彼此相连而成，片区内集原生态山林、水库、湖泊、溪流于一体，多种野生动植物资源遍布其中，更有坂银绿道环绕其后，是深圳绝佳的都市后花园。

文博宫的占地面积几乎与农批市场不相上下，而且它是国内唯一融合了秦、汉、唐、宋、元、明、清七个朝代的大型宫廷建筑群，整座宫苑气势恢宏，堪与“真迹”媲美。穿过厚重高华的汉门广场，便可见百老街、文央大街、寻味街等犬牙交错的仿古街道。有的磅礴如咸阳北去，王气纵横；有的巍峨似阿房重现，廊檐交错。沿着中轴线一路依势而上，依次把长安、洛阳、汴梁、临安、金陵、燕京等古代都城都串在一起，让人在脚步移动间一下看尽王室兴衰、朝代更迭，又几乎在阅读一部中国古代宫廷建筑的立体书。

在中轴线上还有一座六层仿清式建筑，其壮观不亚于江南三大名楼。这是“祥山艺术馆”，它以文博宫的投资者和运营者欧阳祥山命名。这个艺术馆携手中国国家博物馆，定期举办各种艺术珍品的展览。这也是目前深圳市硬件设施最完备、规模最大的民营艺术馆，里面收藏了大批国内外名家书画作品和古董、陶瓷以及非物质文化遗产等丰富的藏品。

文博宫的外围是一道仿古城墙，这是园区的景观之“民生百态图”，由108幅连环画组成，在手稿的基础上融合了中国的瓷板画艺术和雕刻艺术，通过白描的手法体现在仿古长城上。它的数量及规模，以及独特的表现手法不仅创造了深圳之最，更是中国之最。它的创作灵感来自那句俗话“三百六十行，行行出状元”。作品再现古代市民的生活百态，笔下人物栩栩如生，点线勾画之间，阅尽中国几千年民间民俗文明精粹，是另一风格的清明上河图。

每一年的深圳文博会，这里都是重要的分会场，各种美术展、动漫展、拍卖会都在这里举办，那几天这里游人如鲫，摩肩接踵。

布吉现在改成街道了，其实我觉得继续叫布吉镇才更有味道，因为在这里，你会被浓郁的港味陶醉，你会被高雅的艺术迷醉，你会为这里的古意盎然沉醉，你会惊叹一个醉美的布吉！

金 龟 慢

深圳的特点是快，“深圳速度”至今仍是中国高速发展的代名词。

无论是瞬间拔地而起的大楼，还是像竹节一样日日生长的道路，乃至于在写字楼里和流水线上走路带风的白领监领，都透出一个字：快！更快！最快！

深圳有慢的地方吗？当然有。这些从时光指缝间漏出来的地方，便成为都市人向往的天堂。只是这样的地方很稀罕，需要同样慢下来的人去寻找。

比如金龟村。

这个村子在深圳的小资、文人中名气很大，但对于普通市民而言，则属于寂寂无闻。

但只要你去过这个村子，在这里逗留几天，你就会被这里深深迷住。那些绿野仙踪般的山野田陌，那些灰白斑驳的客家排屋，还有被岁月步履磨出凹槽的青石板，都会让你迅速忘记身外不远处的那个闹市。如果你再了解一下它久远的故事，你就会更深地沉迷进去。

我在十几年前便去过金龟村，因为有几个好友都从市中心搬了过去。也是在那个时候，我才像晋朝时那个迷路的渔夫一样，重新发现这个世外桃源。

这些年，金龟村还在变化，在曾经的古旧中与时尚社会找到了对接口，变得越来越有味道了。

一、金龟觅

我不知道为什么叫这个村名，遍寻地方志，也找不到确切记载。但可以知道的是这个村子已经有400多年的历史。

为什么叫金龟？最流行的说法是，因为村子旁边的山形状如神龟，而山上遍布鲜花，阳光照耀下恰似金龟。这种说法虽无可考史料，但很符合古人的命名习惯：一般村庄命名，或有典籍文辞出处，或有先辈掌故由来，如果都没有，便以环境山水形貌名之。远古图腾之祥物，如龙凤、龟鹏等便成为首选。

深圳便有众多如龙岗、大鹏、莲花等象形地名。在中国文化中，乌龟被认为是祥瑞之物，而金龟则是其中的极品。龟镇山河，富贵长存，对一方土地都是极好的寓意。在深圳市内，还有八卦岭，也与龟背有关。

还有另一种说法，据2021年编撰的《坪山地名志》载：“因此地有条山坑，昔时曾产金钱龟，故名金龟。”姑妄存之，因为完全找不到片言只语其他文字或事物旁证，只能是孤证。而我认为，在古代农业文明社会，靠养殖金龟并形成产业，进而冠为村名还是有点牵强。如确有养龟，大约也是因为村名而欲使其名实相符吧。

金龟村在坪山区，具体点说，在坪山的石井街道。按标准地理位置说法，金龟村位于坪山区东南部，地处马峦山一大鹏半岛山脉东段，东起田头，西至江岭，南起葵涌，北至石井。

多年前，深商研究者老亨便瞄上了这个村子，不惜从市内移居于此。如今他还清晰地记得当年对金龟村的最初印象："处于坪山与葵涌的山间豁口深处，有一个群山环抱、小溪潺潺的古村落，这便是金龟村了。"旧时葵坪间还没有通公路，葵坪山间小道必经金龟，途人打尖、脚夫换肩、商旅小歇总在葵坪中间的金龟村。现今葵坪公路宽阔笔直，汽车出葵涌高速口，一脚油门上坡，一脚油门下坡，就到了坪山的石井。这上一脚油门和下一脚油门之间，横亘着的一条狭长的小溪冲，就是金龟村。

从有限的史料中可知，金龟村自明末清初便有人居住，当时因为附近的沙鱼涌已经是远近闻名的海运码头，所以这里便开始汇集人群。居民基本上是客家人，他们保有中原故土的崇儒传统，所以村子的布局、道路、建筑既有岭南客家风格，又有中原粉墙黛瓦、雕花门窗、飞檐斗拱的遗存。

金龟村历史上是大鹏半岛沙鱼涌码头与内陆之间古商道上必经的重要村落，至今留存着一段建于道光年间的古石头路，由椭圆形的石头铺成。据记载，这条古商道曾绵延数公里，南至大鹏新区葵涌办事处土洋社区沙鱼涌码头。沙鱼涌码头是在明朝年间兴起的通商口岸，曾是惠州、东莞、宝安三地最大的港口，也是当时该区域最繁华的商品集散地。如今，古商道只有一小段保存完整，不到20米长。相传古商道由葵涌潘氏家族投资兴建。潘家子弟取得功名，被委任为广东盐运使，几十年后告老还乡，为了出行方便，出资修了这条石板路。

金龟村处在山与海的怀抱之中，近旁有两座大山，一座是田心山，最高峰689米，排名深圳第六。此山植被茂密、水源充足、风光秀丽，每到节假日，大批登山爱好者前来登山徒步。

另一座则是更有名的马峦山，马峦山最高峰590米，按高度在深圳排名第八，此山林木幽深、飞瀑流泉，颇有野趣。山不在高，有仙则名。马峦山的独特之处在于，它与中国近代史有极深的渊源。

我们都知道，历史书上记载着：辛亥革命打响了推翻封建帝制的第一枪，那是在1911年夏至1912年初，故此中华民国纪年自1912年始。

鲜为人知的是，比辛亥革命早10年之前，孙中山先生在广东老家打响了20世纪反清的第一枪，史称“三洲田起义”。因为该年是庚子年，又称“庚子首义”。而打响第一枪的三洲田，便在今天的盐田，位于马峦山脚下。当年义军600多壮士，正是从三洲田穿越马峦山、金龟村，与清军周旋。庚子首义虽然最终失败，但它史无前例地在中国大地上打响推翻帝制、创立共和政体的近代民主革命战争，这也是孙中山及其政党领导的近代中国民主革命的首次战争实践。孙中山也给予高度评价，声明经此一役，“国人之迷梦已有渐醒之兆”，“有志之士，多起救国之思，而革命风潮自此萌芽矣”，也为11年后辛亥革命的成功奠定了基础。

如今，庚子首义纪念馆便建在金龟村，里边展示了不少与此次起义相关的历史实物，还有一尊由孙中山孙女孙穗芳亲自赠送的孙中山铜像。

金龟村的主要姓氏是冯姓和丘姓，据说在“庚子首义”中，冯、丘二姓村民有不少壮士都参与了此次行动，并多有牺牲。相传第一面“青天白日”旗，便是金龟村冯姓村民在美国所绣。

二、金龟客

金龟村有如此来历，故而引来诸多富有人文情怀的新移民。

如今在村里，最显眼的当数“金龟自然书房”。坪山区近些年着力打造人文与自然的融合，颇有成绩。其中十余家城市书房便是其一。

“金龟自然书房”与众不同之处便在“自然”。进得村子有条“金龟自然教育步道”，沿路种有桃树、桉树、樟树等各种植物，路侧不时可见各种鸟类标牌：噪鹃、褐翅鸦鹃、暗绿绣眼鸟、鹰鹃、白头鹎等，一路走下来，俨然上了一堂自然生物课。

步道尽头便是“金龟自然书房”。这是一座老旧建筑改造的两层小楼，建筑本不出奇，但经黄白双色粉刷，放进3000多册自然书籍之后，小楼便散发出异常儒雅的光芒。据说这是全国首家自然主题书房，曾获“深圳最美书房”称号。

自然书房的主理人是深圳本土自然与历史研究者南兆旭先生。我与兆旭兄是老友，他做过大学教师，来深圳后一头扎进本土故纸堆里，写出了《深圳自然笔记》《深圳自然博物百科》《揭秘深圳档案》等文献性著作，并拍摄大量纪录片。他虽然只比我大一岁，但已满头华发。我经常看着他的白首，和他开玩笑：“你咋被深圳历史折磨成这样?”兆旭兄对深圳的树木、花鸟、虫鱼有独特的感情，也是经过他的笔与口，我们才知道这片土地上居然还承载着如此之多的生物，在它们面前，我们人类应该懂得谦卑。

兆旭兄有西北人的古道热肠。犹记那年我在大鹏古城拍电影，杀青之夜恰遇九级风突至，拍至深夜，南方罕见的寒风凛冽中，他的助理祤桐送来了几大盘热腾腾的水饺。翎桐说："南老师有事就不过来了，他让我给你们送些刚煮好的饺子。"剧组的演员和摄像师抓紧吃下那些饺子，干劲十足地完成了拍摄。至今想来，仍感动不已，多年前兆旭兄的饺子仍然温热着。

后来，翎桐也追随南老师来到金龟村，成为金龟村的新村民，她住在民居里，吃着清淡的蔬食，开始策划并实施她的"传家雅集"系列活动，在大自然的怀抱里延续着中华的人文香火。

其实在南兆旭之前，老亨来得更早。这位"两脚油门"便来了金龟村的文人，本名黄东和，现任《深圳青年》杂志的副总编辑，自称是"深圳主义者"。老亨多年研究深商，自己也颇谙经商之道，策划过很多活动。早在2008年北京奥运会时，他便在中华世纪坛策划了一场为期将近一个月的大型系列活动"奥运人文论坛"，当时请了不少名人站台。他请我做论坛学术主持，于是我和他在北京整整耗了一个月，比赛一场没看，天天在论坛上磨嘴皮子。

老亨是个干劲十足的人，在金龟村，他与朋友们合租了一栋楼，每人租一层，各自按自己的意思装修，一住就是十年。他和很多相熟的深圳文化人都在金龟村搭帮结伙、安营扎寨，希望能构建一种新型的社区样式。老亨有个观点："文化就是一种气场，一种氛围。气场一形成，气势一起来，大家就可以相互借势，各自发挥。"看到今天金龟村源源不断地有新居民入住，不知他是否认为愿望已达成。

基于这种理念，老亨后来又发起了"睦邻文学奖"，建了个文学网站，在深圳的平民作家中掀起了一股"深圳本土写作"的旋风。这事他也拉我"入草"，于是我又给他连续做了几届文学奖的评委。每年睦邻文学奖的颁奖仪式，都在民间文学界传为佳话。

金龟村还有一处有趣的地方：金龟智慧谷，是一个创意产业园，虽然号称“谷”，但在几栋楼里，这里汇聚了一些艺术家、文化人的工作室。金龟智慧谷文化创意园占地面积5万多平方米，划分为艺术环境休闲区、展览收藏拍卖区、开发设计制作区、雕塑艺术起源及发展图文阅览区等几大功能区。内里包含有全球客属宗亲会坪山会馆、亚洲智慧女性联合会深圳基地、红色深圳影视创作基地等。

智慧谷的创办人应该算是深圳这波文化移民中最早相中并进入金龟村的有心人。此人叫老范，原先是规划系统的体制中人，后来自己下海创业，有一系列社区营造的宏大计划，老亨等人也都是被他的宏图大计吸引过来的。最初是一帮人看见老范敲锣打鼓地在金龟村搞事，就都过来看热闹。看着看着居然把自己也看进来了，就都做了金龟村的新村民，让这个古老的客家村落，逐渐蜕变成了一个文艺范儿十足的文化村落。

在深圳，类似这样的乡村蜕变，现在还在方兴未艾地进行中，我们期待更多的文化村落的形成。

三、金龟游

金龟村为外人称道的还是诱人的山水，也就是如今最火的乡村游。

金龟村有诸多颇具特色的农家乐，到金龟村吃窑鸡，成为市民与游客的一大快事。

在老亨的记忆中，给金龟村带来新鲜味道的是个叫老吉的人。他本是城市红尘中最红的金融圈里人，估计是实现了财务自由，便染上了浪迹四方的毛病。他开着吉普车、房车，在全国各地都浪得差不离儿了，才在深圳金龟村停下了脚步。他在这里开餐厅、咖啡厅，所有的名号中都有一个吉普车的“吉”字：“吉普寨”“吉院”……老吉的餐厅也做过窑鸡，味道还不错；又养着鸭和鹅，圈着羊和猪，现吃现做，还可以买活的回家，幸福得不像话，但这种太不像话的生意肯定是要被制止的。于是，他转而上网，又在网上优选各地好物，推荐给自己的好友。老亨说，有老吉的地方就有吃不尽的人间美味，有老吉的地方就有说不完的传奇故事。晓得有老吉这号人，人们进村之前，往往会电话、微信他：“老吉，在村里吗？准备×个人的酒菜。”他若不在，来人的兴味顿时就淡了许多，甚至选择换个时间再来会他。

金龟村还有一种食物值得一书，那就是金龟桔。我查了一下资料，金龟村的金龟桔曾经名噪一时，有100多年历史，相传是湘、赣交界山地的客家人移植于此，桔大而鲜亮、皮易剥裂，肉清香可口，汁丰富且味道极甜，是解渴和助消化的佳品。

据村里老人回忆，当年连机关单位都派人来村里指名采购。20世纪60年代初通过广交会为外商所识，后来便经过香港销往国外，成为原坪山镇出口创汇的主要水果品种，在国际市场相当畅销。老宝安有句民谚：“南头荔枝南山桃，石岩沙梨金龟桔。”

由此可见，南头荔枝、南山桃、石岩沙梨、金龟桔等实为宝安的瓜果翘楚。

但昔日名产，为何当下却不见了呢？据说20世纪90年代之后，随着城市化步伐，农业、渔业已经在深圳边缘化，金龟村也开始兴建厂房，引入“三来一补”企业。此为大环境所致。而直接原因则是，一场突如其来的果树病虫害导致优良金龟桔树枯萎、死亡，虽然请了很多专家，但回天乏术。于是曾经异常繁盛的金龟桔，在遭遇人为与天灾的双重打击下，也便没了踪迹。

2018年之后，村里为了延续祖上的这一名产，开始重新种植金龟桔树。假以时日，不知我们是否有口福再能吃上香甜四溢的金龟桔。

金龟村是所有喜欢运动、爬山的驴友们的圣地，金龟有几条登山路线，从这里可以到马峦山、田心山、犁壁山，可以走到赤澳岭路线，走到南澳海边。这些宁谧安静的路线，充满着原生态的葱绿，能轻松地帮助忙里偷闲的都市人卸去一身疲惫。

木心写过一首诗《从前慢》，里面有这样的句子："从前的日色变得慢，车、马、邮件都慢，一生只够爱一个人。从前的锁也好看，钥匙精美有样子，你锁了，人家就懂了。"

慢生活，其实应该是人们生活的本义，或者目标，快的生活也许是我们这个时代特有的节奏和方式，快生活其实是在为慢生活做铺垫。

金龟慢，会逐渐影响更多的地方。

我们曾经为深圳速度自豪，但是未来，一定有一天，我们会为"深圳慢"而心仪。

慢下来的深圳会更有魅力。

此心安处是新安

提到新安，大多数人都只知新安故城，其实那是古代新安县的大脑，当年的县衙现已划归南山区，改称南头古城。那新安县的心脏还在吗？当然在，就在如今宝安区的新安街道，曾经的新安镇，它是深圳唯一承袭了“新安”这个古老姓氏的地名。

历数百年风雨洗礼，新安在新时代的春雷中苏醒，抖落满身的灰尘，重新焕发出勃勃生机。建经济特区之初，这里是那个新画出的“圈”的边缘，成为当时深圳经济特区外第一个街道办事处，这意味着新安也是“关外”地区率先城市化的区域。现在它是高速蝶变的深圳西部城市中心，也是宝安区委、区政府所在地，未来大湾区核心的前海也位于它的怀抱中。

一、张开的臂弯

今天的深圳便孕育自这个地方。

东晋咸和六年（331年），晋成帝在岭南设立了东官郡，统辖六县，宝安始建县。这也是这个区域第一次有了独立的行政机构。因此，深圳的建城史已经超过千年，到2031年，便是它建城1700岁生日。

宝安县在唐至德二年（757年）被改名为东莞县，县治所也自南头徙至东莞，南头沿海一带成为疏僻之地，匪患连年，百姓日不宁、夜不寐。

明隆庆六年（1572年），广东海道副使刘稳巡行海防边关至南头，乡民纷纷陈情要求在宝安故地设立县治。刘稳上奏朝廷，朝廷准奏于明万历元年（1573年）把宝安县从东莞分出来；为绝匪患，启用新名，“剖符设治，始名新安，取其革故鼎新，去危为安之义”，县治重新搬回南头。新安这个地名一用就是341年。

直到民国三年（1914年），新安县因与河南省新安县同名，复称宝安县。

1985年宝安县撤销西乡区，成立新安镇，赐其新意——宝安恢复县建制后的新县城。1993年宝安县变成宝安区，撤销新安镇，设立新安街道，仍沿用新安之名。至此，“新安”的血脉再次贯通。

新安街道现有22个社区，是从原来的4个行政村分出来的：上合、甲岸、翻身、安乐。其中上合、甲岸两村，原居民以黄氏居多，自明清开始从福建、江西等处移民至此，语言以白话、基围话为主。基围话也属广府话范畴。翻身、安乐两村，姓氏则较为复杂，多达30多个姓，语言以客家话为主，这与这里的移民大多来自梅州等客家地区有关。

第一次来新安街道的人，一定会被这里各个区域的名称弄糊涂，因为这些区域除了自己的名字，还有一个阿拉伯数字的代号，从1区到74区，让人误以为进入了一个军事区域。这不但在深圳，即使在全国也是独有的地名现象。何以如此？据宝安日报社原社长黄启健解释，是因为20世纪80年代建设者未来得及细致了解地理人文特征给各区域命名，一直沿用了规划图上的数字标记而形成的历史记忆。在黄启健的眼中，“新安东北方远靠阳台山、塘朗山，近有尖岗山、岭下山、大井山，新安一路至六路，呈U字形，穿过老城区，像张开臂弯拥抱西南边的新中心区和前海海滨。这样的地貌有着开放、包容的内蕴”。

这张开的臂弯，在不同的朝代，接纳了成千上万来自北方的移民、新移民，使一个原本荒僻的海边滩涂，变成古代的繁华之地、当代的经济前沿、未来的湾区之光。

二、新城中的古董

如今的新安，确实是崭新的，但在崭新的城市风貌中，依然隐藏着古意纵横的老村和它们珍惜如金的历史建筑。

上合社区无疑是镶嵌在新城中的古董级村庄。

这里有一个古建筑群，为市级文物保护单位，位于宝城31区上合旧村西侧，始建于明清时期，历代均有翻修。

首先引人关注的是上合黄氏宗祠，始建于明朝。此建筑为灰砖宗祠式建筑，大门有一楹联：珠玑旧泽；江夏先声。此联给我们的信息是，黄氏来自湖北江夏，先迁岭南珠玑巷，再徙广府新安县，饮水思源，不忘祖恩。

宗祠建筑结构为三开间三进二回廊二天井，步入山门，便见一牌坊：孝行流芳。牌坊亦有楹联：西晋伦常南粤士；六年庐墓一生心。这是在纪念西晋南粤孝子黄舒，他也是深圳历史上的第一个文化名人。

最早记载黄舒事迹的是宋沈怀远的《南越志》：“宝安县东有参里，县人黄舒者，以孝闻于越，华夷慕之如曾子之所为，故改其居曰参里也。”明崇祯《东莞县志》、清康熙《东莞县志》均为黄舒立传。据记载，西晋永嘉年间，战乱频仍，一些北方士族陆续迁入宝安，黄舒也随父迁入。他心地善良，孝敬父母，尽管生活艰辛，孝亲的礼仪从不懈怠，夏天侍奉父母衣冠不解。父亲死后，黄舒悲痛欲绝，一筐筐背土为父亲造墓地，并在旁边搭间茅草屋，按孝道的礼仪守孝三年，夜晚野狼围在茅屋边嚎叫，也不为所惧。母亲去世后，也同样如此，守孝三年。因此有了“六年庐墓”之说。

黄氏宗祠中堂正中屏风上挂着“敦睦堂”木匾，东北角供奉着黄姑婆的牌位，这也是一奇。古代祠堂本没有女性的位子，黄氏宗祠供奉黄姑婆牌位，是为纪念她终身未嫁，无私捐献一生所有财产捐建黄氏宗祠的功德。宗祠四壁、屋顶、廊檐均有各种壁画、灰塑、石雕、木雕等精美陈设。

宗祠西南面有两个书院，一个是云野书塾，一个是西庄书室。二者皆始建于明朝，代有修缮，现存主体建筑为清代风格。书院是古代培养人才的重要机构，明清时期深圳地区的书院众多，既有官办的，也有民间的。明万历元年（1573年）新安刚刚建立，知县吴大训即督建新安学宫，设在新安县衙东面。康熙三十三年（1694年），新安知县丁棠发又在学宫右侧兴建宝安书院。除此之外，当时比较著名的书院还有雍正二年（1724年）建的文岗书院，嘉庆六年（1801年）建的凤岗书院。在官办书院的带动下，民间大兴书院之风，让贫寒子弟得以跳进龙门。许多宗祠便同时兼有书院、私塾的教育功能，新安镇的云野书塾、西庄书室等成为其中的佼佼者。据统计，仅清初至嘉庆年间，100多年中新安县便考取8位进士、47位举人。

上合村还有一座大王古庙，供奉着南海洪圣大王。洪圣大王是粤港一带的称呼，其实就是祝融，古代神话中的火神和南海之神。据《山海经》描述，祝融长着兽身人面，驾乘着两条龙，直接听命于天帝，农历二月十三为祝融生日。大王古庙香火一直很旺，尤其到大王圣诞民众更是纷至沓来，焚香引烛，都为讨得一个吉祥平安的好兆头。

上合村的旁边是甲岸村。甲岸村起初不叫这个奇怪的名字，原名“隔岸村”，20世纪60年代，隔岸村的黄氏祖先从珠江西岸的广东中山迁徙到珠江东岸的新安县开基立村，两地隔着珠江入海口相望，因此取名隔岸村。这个名字既有来历，又容易理解，不知为何改成了甲岸村，遍查史料，未找到合理解释。为何改称，何时改称，均不甚了了。我想，大约是因为粤语中“隔”与“甲”读音相同，可能为了图省事，却总有些因陋就简的意思。

甲岸村也可以望到香港，在那些贫困岁月，常有人通过偷渡、探亲等各种方式奔往香港，所以两边的亲戚相当多，来往不断。村中遍布榕树，尤其几棵大榕树冠盖如云，阳光透过树隙投射下来，荫庇着树下乘凉闲聊的村民。

甲岸村最显眼的建筑便是华光古庙。始建于元朝至正年间，坐落在甲岸村正中位置拐口的小角落上，两进一天井布局，历代均有维修。“文革”期间破“四旧”时遭破坏，1996年重修，置放了12个小石墩呈半弧形围护着。古庙屋檐镶有嵌瓷，照壁上刻着“八仙过海”等浮雕，寓意热闹非凡、吉祥如意的神仙世界，令人赏心悦目。两扇厚重的大门镶嵌尉迟恭、秦琼门神画像，两人目光炯炯如炬，十分威严。前厅左右分别供奉土地、门神牌位，内堂正中供奉华光大帝神位，左边供奉财神位，右侧供奉天后娘娘神位。华光大帝是个道教的神灵，他的俗称更出名：马王爷。民间都熟知那句话：“不给你点颜色看看，你还不知道马王爷三只眼哩！”相传农历九月二十八是华光大帝的生日，想必那天的香火也比较旺。

华光古庙向西是村里的美食街坊，人来人往，川流不息；向北则是一条风流涌动的畅通小路，庙前不远处还有一个小池塘。村里人说，有庙的地方必有水，庙前不准泊车，所以这个路口始终是流动的，也是宽广的，每次迎向风口，风声霍霍，会感受到一种无言的震慑力。

上合村有个国家级非物质文化遗产项目：上川黄连胜醒狮舞。创始人黄连胜来自上合村内的一个小自然村：上川村。1975年，黄连胜在上合村创办“上川黄连胜醒狮团”，将自己集舞狮、武术于一体的技艺传授给附近几个村的年轻人，逢年过节这个醒狮团走村串巷，风头一时无两。1997年香港回归时，深圳万人空巷送别驻港部队的阵容中，上川黄连胜醒狮团的醒狮舞格外引人注目，被无数长镜头定格在胶片上，传播于报纸、电视上。从此，宝安很多村子都会邀请他们前去表演。

三、新安出异人

中国自古以来的历次大迁徙，都从来没有遗漏过新安这方土地。

尤其是改革开放带来的人才大面积涌入，使得新安真正成为地灵人杰之所。全国各地的青年才俊都把深圳作为目的地，以梦为马，打起行囊，说走就走。有个很有意思的现象，来新安的年轻人很多都是文艺青年，他们在这块土地上，不只是创造物质财富，更是圆自己的文艺梦，这在今天看来似乎有些不可思议。

比如曾经在全国文学圈都有些名声的新安“31区作家村”。据深圳宝安区作协秘书长、作家唐成茂介绍，大概在2004年秋，一名曾在武汉、佛山等地打过工的湖北小伙子王世孝一头扎进上合村31区开始写作，天天把自己关在出租屋里，写出了一批高质量的短篇小说，他的本名被人忘记了，笔名“王十月”却为人熟知。也许是榜样的力量，一批文学青年也都纷纷入驻31区，甚至还有国内文学大刊的编辑，并且短短几年真的出了好几位不错的作家，也有了自己的代表作。这批人每天都猫在出租屋内进行各类文学创作，然后集体到附近的宝安公园进行文学交流。这个现象引起了全国作协的注意，他们也都去村里看了，并都给出了同样的观感：在一个高度物质化的城市，有这样一个纯文学氛围的小村，在国内罕见。不过因为各种原因，主要是经济压力，作家们纯粹靠写作是难以在大都市立足的，他们还得养活自己和家庭。而离市内最近的新安自然居大不易，曾经的低租金、低消费逐渐抗不过消费主义的冲击，于是曾经兴旺过一些年的“31区作家村”日渐寂寥了。不过他们的文学梦并没有消散，只是在谋生的同时继续着自己的创作生涯。作家村的故事滋润了庞大的宝安作家群，迄今深圳最庞大的“打工作家”群仍然在宝安。唐成茂说，宝安区的作家中多人加入省级作协、中国作协，有数十位作者先后出版数十部文学专著，多部作品在《人民文学》《十月》《作品》等国内顶级文化刊物上发表。

深圳是个藏艺于民的地方，俗称藏龙卧虎之地。在文汇社区便藏着一位国内艺术界颇为知名的篆刻艺术家，他叫黄荣。他拿手的不是寻常篆刻家的印章，而是人物肖像印，他的工具是刻刀与石头，经其钢刃所及，中外名人的头像栩栩如生地凸显出来，又并非照片般写实，而是注重精气神，于眉宇五官之间还原印主之气质内涵，在似与不似之间达到高妙的境界。每幅肖像均有金石之气，融木刻、版画、像砖、崖凿等诸般技艺于一炉，在国内肖像与篆刻界独成一家。著名作家贾平凹一见黄荣的肖像印，便狂喜不止，不仅为他题写“黄荣印像”，更为他在西安“贾平凹文学艺术馆”举办了“黄荣印像：中外文学家肖像印展”，在国内肖像印及篆刻艺术界引起强烈反响。黄荣乃云南大理人氏，喜欢别人称他“黄师傅”。黄师傅扎着长长的马尾辫，天生的艺术家模样，四分文气外透出三分狂放与三分野气。虽然他大学的专业是数学，也做过数学老师，但终归不能逆天命，还是走了艺术之路。黄荣的肖像印已经在国内外多次展出，让某些固守深圳是“文化沙漠”的人为之折服。黄荣嗜酒，爱抽烟斗，他觉得他最好的作品都在半醉之间做出。近年创作之余，黄荣常常走进新安中学、新安小学，教授他的独门秘籍，如今他的桃李已经满新安了。

新安还是深圳的围棋重镇，每年都会有国手来这里的棋院纹枰论道，尤其是“湾区杯”中国围棋大棋士赛落户于此。这一切都与一个四川女子有关。这个风风火火的辣妹子叫梁春华，因为喜欢大海，大学毕业后直奔深圳而来，进了一家科技企业，生活过得顺遂而体面。再次重燃“围棋梦”，是因为亲眼目睹了围棋对于儿子的显著影响。“围棋让孩子更加沉静，学会安静地思考，学会尊重他人。自从学了围棋，孩子变得更加淡定、从容，学会了积极思考且善于思考，不再安于玩乐，特别是不再喜好电子游戏了。”儿子的改变，让她更加坚定了将围棋推广开去的信念。于是，她坚定地选择了围棋，也选择了新安，她发起创立宝安区围棋协会，并成为首任会长，并一任至今。宝安区的很多中小学生也比其他区先一步学会围棋这门国粹。由她创办的“湾区杯”中国围棋大棋士赛，是国内最高规格、最高水平的围棋赛事之一，已经成为宝安区乃至大湾区的体育文化符号。该赛事被深圳市政府写进政府工作报告，宝安区围棋协会曾获得区委、区政府的嘉奖令。

新安现在有个别称“湾区之光”，这既得之于2021年建起的摩天轮，同时也是新安目前在大湾区擘画中的位置。

当你随着128米高的摩天轮透明的座舱升至顶端，俯瞰深港两地的山川风物，你会想起它的另一个民间的名字：深圳眼。

这只深圳眼，既可以回望新安的千年风云，又可以远观未来大湾区的美好前景。除此之外，还有哪里可以看得更清晰呢?

绿野仙踪三洲田

在深圳，知道三洲田的人不是很多，但是大都知道东部华侨城。其实东部华侨城就在三洲田村的区域内，游客们只会花钱进景区游玩，却无几人走进旁边那个被绿荫笼罩的村子，感受一下未被人工过度开发的乡野，因此，彼此往往错过。

但三洲田在中国近代史上的地位却很高，研究“民国”史的人，无不知道“庚子首义”。1900年的“庚子首义”也叫“三洲田起义”，是孙中山先生领导打响的反清革命第一枪，它比辛亥革命的武昌起义要早了11年。孙中山先生回忆说，“经此次失败而后，回顾中国之人心，已确与以前有所别矣……惟庚子失败之后，则鲜闻一般人之恶声相加，而有识之士具多为吾人惋惜，恨其事之不成矣。”

今天的人大概想不到，这个美得让人惊心的地方，曾经历过血与火的反复淬炼。

一、向清朝开了第一枪

那是1900年10月6日的凌晨，夜色如墨，寒气逼人。

“青天白日”旗在三洲田邻村马峦头（今坪山区）的山岗上高高升起，“剑起灭匈奴，同伸九世仇。汉人边处立，即日复神州”的口号响彻山谷。

是日夜，月白如昼，由600多名壮士组成的起义军剪去辫子，红布缠头、红带缠腰，兵分两路向山下奔去。东路由林海山率队打新墟，直扑镇隆，威逼惠州；西路由黄福率80名壮士出沙湾，攻打兰花庙。兰花庙里驻有清军四五十人，被起义军突然围攻慌作一团，起义军三面夹击，毙兵10多人。

这场起义策划于3个月前。6月21日，孙中山在香港的一条小船上召开军事会议，任命惠州淡水人郑士良为总指挥，前往三洲田策动起义。当时的三洲田乃至宝安，均隶属于惠州，时称归善县。所以也有史家将这场起义叫作“惠州起义”。

“红巾军”们一路击毙、俘虏清军70余人。接着向西北推进，力图挥师广州，一路势如破竹。10月15日佛子坳一战，生擒归善县丞兼清军管带杜凤梧；17日，在永湖击溃清军提督邓万林；21日抵增光圩，突破清军重关；22日进入三多祝、白沙。至白沙时，起义军发展至两万多人。

正当黄福所率的起义军在横岗集结大队，乘胜进军新安县城，以会合黄志、黄江喜的新安和虎门的起义军时，郑士良从香港带回了孙中山的电令，停止往西，取道东北，直趋厦门；黄福所率起义军来不及与新安、虎门起义军5000人会师，便向东挺进。

被震动了的广州府，调集大批清军涌向惠州，起义军不敢恋战，便放弃进攻惠州，向东北方向挺进，准备经海丰去厦门获取军资和枪械。

清军从四处调集大军，形成合围之势。因敌我力量过于悬殊，起义军弹药用尽，外援无望，根据孙中山的指示，起义军解散。

起义失败后，郑士良逃往香港。1901年7月14日，在香港被清廷奸细毒杀，葬于香港薄扶林道，卒年38岁。

历时24天的三洲田起义，虽然结局惨烈，但它唤醒了广大民众的救国意识，为辛亥革命的前夜点燃了一盏明灯。

庚子首义直接催生了11年之后的辛亥革命，清王朝终被推翻，民主与共和的梦想开始孕育。后来，孙中山回顾他的革命道路时，总结道："发轫于甲午之后，盛于庚子，而成于辛亥，卒颠覆君政。"可见在他心中，三洲田首义的地位非同寻常。

中山先生逝世后，其子孙科返回此地，为三洲田学校亲题一副匾额：庚子革命首义中山纪念学校。1958年，因修筑三洲田水库，庚子革命首义中山纪念学校迁到了三洲田新村里，并改名为三洲田学校。1982年，深圳市人民政府在三洲田新村重建庚子革命首义中山纪念学校，以表深圳人民对革命先烈的缅怀。

当年的三洲田村，现在已在水库底下，每年的夏秋季节，水库水位下落，人们总会发现一个村落的依稀形状，这就是被淹没的原三洲田村。

120多年前的硝烟与英魂仍然没有消散。

二、天外飞来的小镇

三洲田如今已经成为游人如织的景区，这都是因为东部华侨城把这里打造了出来，游客们也都冲着一个瑞士风格的小镇而来。

这个小镇叫茵特拉根，本来在瑞士阿尔卑斯山脚下，深圳人生猛，硬是把这个欧洲的小镇“搬”了过来，成为一处充满异域风情的乐园，又在自然山水间开发了大侠谷、茶溪谷和云海谷等景点。

当2004年华侨城集团和盐田区决定联手开发这里时，很多人担心过三洲田的命运，不希望现代化的脚步太快，生怕失去这方尚未被城市化过多涉足的净土。但随着茵特拉根小镇落地，担心逐渐消失了，青山、绿水、瀑布并没有消失，三洲田在过去的野趣之上，又添进了遥远异国的风味，同样也是异域的古老。小镇里面有古老的森林小火车，小镇的每一个角落都凸显着浓浓的欧陆风情，无处不散发着浪漫优雅。若不是小镇在鸟鸣谷幽、云遮雾绕的深山里，人们一定会觉得自己通过时空穿越到了欧洲的古旧小镇。

后来东部华侨城在茵特拉根小镇基础上，又发展出另外两个小镇：海菲德小镇、茶翁古镇。一西一中。

海菲德小镇是以葡萄酒文化为主题的美洲风情小镇，原木与砖石相结合的建筑温馨质朴，系列铜雕展示了从葡萄采摘到红酒酿造的全过程，演绎了19世纪美国加州纳帕山谷的红酒小镇风情。主要包括天幕、海布伦宫、红酒体验馆、自酿啤酒屋、湖畔美食廊、小镇客栈等特色项目，为游客精心打造了一处与红酒约会的陶醉之乡。

茶翁古镇是纯中式的茶文化鉴赏区和中心服务区，也是环境幽雅的游客休憩区。在这里游客可以品茶餐、尝茶点、吃土菜、观茶戏、饮茶酒，深入了解茶禅文化；还可以在茶艺坊、茶酒坊、陶艺坊亲身体验采茶、制茶、做陶的乐趣。

东部华侨城的这三个小镇，固然各呈其美，但山水之间如果再有点灵魂性的东西，那才叫完美。后来这种完美也降临了。

这便是暮鼓晨钟的大华兴寺。

三洲田有一座山头，传说每年立春至清明期间，观音菩萨都会降临此山，闭关修行，故取名观音山。观音山状如莲心，被四面山水簇拥，大华兴寺坐落于此，实乃为东部华侨城乃至整个三洲田注入了一股神奇的魂魄。

寺内修铸了一座四面观音金像，得名“观音坐莲”。观音山云雾缭绕，与世隔绝，钟鼓悠扬，有如人间仙境，人们称此为“天禅圣境”。

三、醒来的古墓

三洲田村被水库淹没了，但历史无法被淹没。

前些年在建设东部华侨城时，进行过一系列地形勘探。无心插柳柳成荫，勘探中竟意外有了考古发现。考古队在三洲田水库周边的山丘上，发现了规模宏大的古代墓葬群。

这个发现，让一直有历史短板之忧的深圳人兴奋。

2005年4月，深圳市文物考古鉴定所所长任志录带领鉴定所10余位考古人员分成两组对旅游区红线范围内进行了重点踏查。这位一辈子与地下打交道的考古人，认为此次的勘查结果是近年来在深圳东部文化埋葬区内最重要的考古发现。

他们的初步成果是：发掘出自先秦至民国时期的历史文化遗存37处、古窑址11座、古墓葬22座、古代遗址3处、纪念学校1处。尤其珍贵的是

3处古代遗址中有2处被确定为东周时期遗址，距今2500年以上，断代十分明确。

任所长对这些古代墓葬尤其看重，他如数家珍：22座古墓葬中，有14座分布于跃进水库周围的山丘上，6座分布于三洲田水库南区；另外2座在拟建的“运动健身区”范围内。

22座墓葬的形制基本一样，都是由墓室、祭台和墓堂组成，其中12座有墓碑。根据墓碑上的铭文记录，最早的是清代早期的墓葬，最晚的是民国时期的墓葬。在22座墓葬中，8座残损严重，其余完整或基本完整。文物考古鉴定所计划对14座完整或基本完整的墓葬进行发掘和测绘，对8座残损严重的墓葬只进行测绘。

此外，还发现了11座古代窑址。其中有7座分布于三洲田水库南区，即拟建的“世界茶艺博览园”范围内；跃进水库周围的山丘上分布有4座。11座古窑基本都呈馒头形，大的直径在8—12米间，小的直径1.5—2.5米之间。有的古窑周围有大量的瓦片，应该是烧制建筑用瓦的窑；有的古窑周围有不少木炭的遗留，可能是烧制生活用炭的窑。

为进一步对这些古窑的性质、年代和形制作出比较准确的判定和了解，文物考古鉴定所对它们全部进行了发掘和测绘。

在这一系列考古发掘中，最有价值的便是发现的另3处古代遗址，分布于华侨城项目大梅沙入口处的两侧，其中东周时期遗址2处，宋代制瓦作坊遗址1处。

大梅沙入口处东侧的一个遗址为单纯的东周时期遗址，现场采集到了典型的东周时期的夔纹陶片、方格纹陶片，还有一些绳纹陶片；大梅沙入口处西侧有2个遗址，一个是东周时期的遗址，采集到了典型的东周时期的方格纹陶片；另一个是宋代的制瓦作坊遗址，采集到了宋代的建筑用瓦和制瓦的陶范。这3处遗址年代比较早，对研究深圳的古代历史有很重要的意义。

四、三洲田问茶

我去过很多次三洲田，倒不是因为看景区，而是被那里的茶山、茶树所吸引。

第一次到三洲田，是因为我的一个梦。

那段时间我一直反反复复做同一个奇怪的梦，梦见自己开车上一个陡坡，前面是山，身后是海，反反复复地加油，却一直开不上去。

直到有一天与友人说起这个梦，朋友脱口而出，那不就是三洲田吗？

于是我开车带着那友人一道去了久闻其名、未见其面的三洲田。

三洲田在打鼓岭和小西顶之间，被群山环抱。一直听说三洲田村的村民多以种茶为生，山里有着许多以传统方法种茶和制茶的小茶园。

到三洲田的路是一大段蜿蜒崎岖的山路。去的时候正是东部华侨城如火如荼的初建期，路上还有不少工地，泥泞难行。直到我们走错路，把车开进了一条只能进不能退的小路，继而到了一个陡峭的大坡，惊觉和我梦里的一样。如果上不去，倒退之下便只能入海。

我只能硬着头皮把油门一脚踩到底，车子低吼着冲上了那个大坡的坡顶。

刹那间，眼前豁然开朗。

从坡顶向山下望去，三洲田水库就在眼前，马峦山瀑布飞流直下。此处山青水碧，云雾缭绕，大小六个湖泊如碧玉镶嵌在山脚下，宛若传说中的仙境。朋友经常来，反应甚是平静。我忍不住大声惊呼，这真是绿野仙踪!

放眼远处，群山绵延不断滚滚而来；近处的山坡上，大片大片的山茶花盛开着，雪白的，弥漫着淡淡的清香，幽幽地钻进鼻孔中来，也钻进了身上每一个张开的毛孔里。我发自内心地为这片几乎被遗忘的山野迷醉，毕竟身处城市边缘，是一种幸运。

三洲田和它的山茶花，就这样梦一般地拥抱了我。

那天，我们在茶树之间穿梭，采摘大朵的山茶花，在山坡上一览无余地眺望脚下的大海，以及对面的香港。

此后，我又数次造访那里，路倒是越来越好走了，也无须奋力爬坡了。

因为历史文化的加持，喜欢寻古问踪的人会不断造访这里。当然，无论什么人，到了三洲田，首先征服他们的还是漫山遍野洁白的山茶花和葱郁的茶树。

来三洲田游玩的人们，都喜欢在玩累了之后，到当地村民开的餐厅里去吃一顿农家菜，尝一尝当地特有的“筒子鸡”，以及村民自家菜地里种的蔬菜，然后便心满意足地到村民的小茶店里去品茗。

沏一壶清茶，偷得浮生半日闲，颇有“行到水穷处，坐看云起时”的惬意，打坐于天地山水间，大抵是每个离开喧嚣的城市到三洲田去享受安宁的人最奢侈的时光。此时，什么名缰利锁，什么是非纷争，统统都远去了，统统都被“不如吃茶去”所驱离。

如果原始的小茶店无法令人满足，茵特拉根小镇旁的茶溪谷还有精心打造的美景。里面除了有茶园，还有令人眼花缭乱的四季花田，以及保留得尚算完整的湿地公园。

当然，我还是只愿在一眼望不到边的茶园里缓步而行，会去淳朴的村民家里坐坐，在茶树下发发呆、翻翻书。我觉得那时灵魂离我更近。

古泉清吟玉律韵

玉律村在光明区，属玉塘街道，如今叫玉律社区，但在我看来，还是叫玉律村更顺口，亦更亲切。

村名的古雅，自不待言，一开口便让人联想起成语“金科玉律”。此处“玉律”是指一种玉制的调音器，始于黄帝时期，伶伦截竹为筒，以筒之长短区分声音之清浊高下，阴阳各居其六，一共十二律，乐器依此定音。所以在古人眼里，玉律代表着规范和法度。

古代的诗人们也不忘在自己笔下尽情地吟诵它，李商隐有“玉律朝惊露，金茎夜切云”，韦庄有“玉律初移候，清风乍远襟”，张祜有“玉律潜符一古琴，哲人心见圣人心”，司马光也有“黄裳蕴厚德，玉律俨清规”。在所有的诗句中，玉律的地位都被奉为圭臬。

村如其名，玉律村的形状像一片枫叶，翩然飘落在青山碧水中，她精致恬淡地滋养着她的子民，她的怀抱里有“新安八景”之一，有千年鸿儒余脉，有深圳唯一的天然温泉，有绿茵如簪的大髻婆山。

玉律如画，如诗，更如一曲萦绕不去的雅乐。

一、曾子与玉律

玉律村无处不见古街、古巷、古屋、古树，显见大有来历。

果然，在玉律广场上，塑有一尊巨大的曾子石雕坐像，上刻“宗圣”两个大字；在村北“德贵曾公祠堂”的大门两侧有副对联，上书“源通沂水，脉接武城”。

这一切都指向一个人：曾子，名曾参。这位孔子弟子中地位最重要的人物，被后世尊称为“宗圣”，是鲁国武城人。武城位于现在的山东省临沂市，沂水从城边流过。

所以欲说玉律，不能不先说曾子，而且还得说透一点儿。

在儒家的殿堂中，位置最高的是“儒家五圣”：孔子、颜子（颜回）、曾子（曾参）、子思（孔伋）、孟子。孔子是儒家学派的创始人，而另四位则是学派的传承与代表性人物。很多孔庙里，是把五圣放在一起祭拜的。而这其中曾子又是扛鼎式的人物，因为颜回虽然是孔子最得意的学生，但死得太早，不到四十就英年早逝，来不及发光；子思是孔子的孙子，孔子死的时候他才4岁，他是曾子的学生；而孟子又是从子思的门徒那里得儒学再传。因此可以毫不夸张地说，儒学是由孔子传给曾子，并由他再传给子思、孟子，因此曾子是儒学承上启下的关键人物。曾子参与编撰《论语》，创作了《大学》《孝经》《曾子十篇》等作品，他提出的“修、齐、治、平”的政治观，内省、慎独的修养观，以孝为本的孝道观，都对后世产生了深远的影响，成为儒学的理论基石。

曾子的父亲也被称为曾子，这个曾子也是孔子的学生，他叫曾点，字皙。孔子有三千弟子、七十二贤人，父子同进七十二贤人行列，也是奇事。这位曾子在《论语》上留下了“曾点言志”的典故。一日孔子与子路、曾点、冉有、公西华闲聊，孔子让他们谈谈各自的志向。子路抢先说道：“一个拥有千乘兵车的中等国家，夹在大国之间，加上外国军队的侵犯，接着又遇上饥荒，情况很糟糕；如果让我治理这个国家，只要三年工夫，就可以使人有保卫国家的勇气，而且还懂得做人的道理。”孔子听了咧嘴一笑。冉有接着说：“我只要一个六七十里或者五六十里见方的国家，如果让我去治理，三年工夫，就可以使老百姓富足起来。至于振兴礼乐教化，那就只有等待贤人君子来推行了。”公西华接着说：“我不敢说能建什么功业，但愿意学着做些东西，比如宗庙祭祀的工作，或者是诸侯会盟及朝见天子的时候，我愿意穿着礼服，戴着礼帽，做一个小小的司仪。”而曾点在一旁闲散地弹琴，见孔子催问自己，才停下抚琴答道：“我没他们三位的本事。现在是暮春时节，春耕之事已经完成，我想和五六个朋友，带上六七个少年，到沂水里游泳，在舞雩台上吹风，然后唱着歌回家。”孔子一听，双手一拍：“我就喜欢你的志向。”

为什么孔子唯独喜欢曾点的志向，孔子也有解读，后世也有解读，归根结底一句话：人还是不能好高鹜远，从自己能掌控的事情做起，这样比较靠谱。

所以曾点是脱俗的人，他的儿子曾子也是脱俗的人。

靠谱而脱俗的曾氏后人，从北方的鲁国一路南下。据《曾氏宗谱》记载，唐代圣历年间，金紫光禄大夫曾蜒迁居江西赣州，其第四子朝议大夫曾中美，迁居岭南道南雄珠玑巷，成为广东曾氏的始祖。

就这样，曾氏后裔从山东、河南、江西一直南下到了广东。

据2005年出版的《公明镇志》记载：北宋末年，曾中美长子的五世孙曾仕贵从中原迁至东莞新桥（即现宝安新桥）定居，其后人曾应富（德贵），建玉律村，村名取自“玉学麒麟，律法至上”。

一个古老的北方血脉，就这样在遥远的南方扎下根来。

二、温泉水滑洗凝脂

俗话说：栽得梧桐树，引得凤凰来。

玉律村为何能引来曾氏后裔至此开村立基?

这又牵涉到一方水土。

这里有“新安八景”之一。“八景”之说最早见于清康熙《新安县志》，该书在卷之三“地理志”中专门有“八景”一节予以介绍。这八景就是：杯渡仙踪、赤湾胜概、梧岭天池、参山乔木、卢山桃李、龙穴楼台、鳌洋甘瀑和玉勒汤湖。此八景中有四处现已属香港、广州、东莞，足见清初的新安县版图之大。

八景中的“玉勒汤湖”正在玉律村。

玉律何以又称玉勒？据明天顺八年（1464年）编修的《东莞旧志》记载：“汤泉在黄金洞之北，药勒村前。乡人以为烹潭之所。”那湖温水，自是村人好享受。久而久之，村里人彼此相告，用温水洗浴，能治疮疖等皮肤病，消除疲劳。时称烫湖或汤湖。“汤”在古文中，就是指洗脚的热水。

此处村名（药勒）均与今名（玉律）二字音近而字异，“药”与“玉”在粤语方言中本就同音，而温泉可治皮肤病，此称是否兼有强调此水药用的含义，则不可测也，但这个名字给后人留下穿凿联想的空间。而“勒”也有约束的意思，此处与“律”有相似之义，岭南语言自唐宋以后一直在南北交融混杂中，所以“玉律”与“玉勒”便构成某种程度的雅俗互文现象，这在粤语表达中并不鲜见。不过就时间先后而言，玉勒当在玉律之前。

这些倒不重要，重要的是，这里有深圳唯一的天然温泉，这是确定无疑的。

清初学者屈大均在《广东新语》里记载有广东名泉，其中写道：“新安有汤井，在玉勒村，秋冬常有烟气。”这里的烟气，指的是温泉的蒸腾热气。

我曾慕名去过玉律村寻访神奇的温泉。

穿过玉律村的巍峨牌坊，经玉昌东路、玉昌西路行驶约两公里，即可达玉律温泉。

本以为这里应该门庭喧闹，殊不知居然只是一个清幽的院落，四周环绕着棕榈树、木棉花，还有松柏修竹。进得门内，方见十来个温泉池子，水清见底，池子全由石块砌成。虽然历经几百年甚至更长的漫漫岁月，泉眼依然热水充沛，喷涌不息，毫无颓势。

在我于玉律温泉的各汤池间流连徜徉之际，不断看见村民挑着水桶过来打水，回家让全家人晚上泡脚。据说玉律村的人都有用温泉泡脚的习惯，有些老人更是“一日不泡，浑身难受”。

在玉律温泉，会无端想到华清池，想起白居易的诗句：春寒赐浴华清池，温泉水滑洗凝脂。

华清池是为皇家所享用，却也是让宠妃丧命的地方。而玉律汤池则为黎民百姓洗去疲惫，洗去病痛，是赢得健康的福水、圣水。

玉律温泉因为过于宝贵，也许一时无法有更大的商业开发，但从它的泉眼里流出去的泉水，却造就了下游的石岩湖温泉度假村。深圳人想泡温泉大都会去那儿，倒反而遗忘了这个养在深闺的源头。

三、大髻婆山下狮麟舞

玉律村有两张闪亮的文化名片——玉律舞麒麟、玉律醒狮舞，均已列入光明区非物质文化遗产保护名录。

玉律舞麒麟在流派上属于广府麒麟，自明嘉靖年间曾氏德贵公从沙井迁居玉律，即把从南雄、沙井先祖已有的舞麒麟带入，并增加了新的元素，“玉学麒麟，律法至上”的村训在此得到印证。

玉律麒麟一般长五六米，头部用竹片扎成，外用彩绸包裹出麒麟造型，霸气威武。尤其是那双炯炯有神的大眼睛，可任意转动，口可以张合自如，表情丰富细腻。此外，在麒麟身上用彩绸布镶上闪闪发光的鳞片，一旦舞将起来虎虎生风。一般两人一组，一人舞头，一人舞尾，二人配合默契，注重马步。根据唢呐的不同音调，舞麒麟者做出各种不同的动作，即麒麟从唢呐，唢呐助麒麟。舞麒麟除唢呐担纲外，还有号、角、木鱼、钹、小锣、二胡、鼓等乐器配合相衬以壮声势，把麒麟这个传说中神兽的喜、怒、哀、乐、惊、疑、醉、睡等动静神态，表现得栩栩如生。舞毕，各呈武术，拳、刀、剑、枪、棍等，一一上场表演，有单人打、双人打等，令人目不暇接。拳法多以洪拳为主，最后由师傅耍一套曾家棍法，作为舞麒麟的收场。一套完整的舞麒麟，整个过程大概需要80分钟，但因编排有致，一波三折，观者并不觉漫长。

舞麒麟是玉律人婚丧嫁娶及年节假日里的重要娱乐形式，具有典型的民族性、民俗性和民间传承性，有广泛的社会影响。作为区级非遗项目，现在的玉律麒麟有迹可循的起源可追至明朝末期，彼时玉律舞麒麟为宫廷艺术，只为皇家服务。随着满人入关，明王朝向南退却，遂将宫廷中的很多技艺传播至民间，玉律舞麒麟便是其中之一。如今这个文化的活化石，已同时具有民间舞蹈、音乐、体育和民俗研究的价值。

玉律醒狮舞与玉律舞麒麟比起来，更具有普及性，形式上也更加自由。玉律醒狮舞在咸丰年间已具雏形，至光绪十一年（1885年），玉律村民曾纪荣组织成立了玉律醒狮队，这个队在清末民初一直活跃在新安县各乡，其名极盛，至今已有140年的历史。

这两种形式极为相近的民间表演绝技，已经深入人心，成为大众生活中不可或缺的民俗文化元素。

每当人们兴高采烈地观看麒麟与醒狮竞相斗舞的时候，村子南面的那座高耸的大髻婆山，也在默默地守护着村民的欢乐。

大髻婆山，似乎名不见经传，但在清康熙《新安县志》中已有记载：“大髻婆山，在县北二十里，近阳台，形似大髻，因名，题咏甚多。”中国的山大都以状命名，故而各种“笔架山”“马鞍山”层出不穷。观此山峰，果见两端微隆，状若人肩，顶峰处有一圆形巨石，酷似古代妇女的发髻，故名“大髻婆山”。

清末翰林东莞人张其淦，编辑有《东莞诗录》。该书卷九收录了明代诗人李绍兴的一首《大髻婆山》：

何代犹遗一阿婆，巧梳高髻耸巍峨。

雨余新理膏油腻，花发浓妆珠翠多。

煮海烟生疑执爨，采樵人唱讶悲歌。

望中咫尺阳台路，云雨不成知奈何。

可见，早在明朝时此山即已拥有该名。民间也有一段传说为之佐证。

相传很久以前，玉律村住着一对恩爱夫妻，男的叫阿山，女的叫思君。生活虽然清苦，但有情饮水饱。不料一日祸从天降，抓壮丁的官差把新婚燕尔的阿山强拉去充军。思君悲恸欲绝，每天午后都爬上山岭等自己的丈夫，望穿秋水。为了寄托思念之情，每过一年，思君便在发髻上插上一枚铜簪，一共插了44枚。在思君61岁那年，终因思情幽怨，带着遗憾长眠在山顶上。乡人哀其不幸，敬其忠贞，将这座山取名“大髻婆山”。

又是一个“望夫石”的故事版本。在中国古代的叙事传统中，女人总是在望夫，又总是在大自然里得以永生，从中可以看到我们的文化，对女性在情感上的坚守与执着是不吝褒奖与讴歌的，只是这种褒奖与讴歌是以太多寂寞与岁月甚至生命作为代价，虽然优美，然而不免残酷。

大髻婆山虽然不高，但风景别致。山上林木葱茏，奇石突兀。行至山顶可见一山洞，洞宽约两米，深约四米。洞的背面又有一洞，深不可测。此洞叫“七云梯洞”，里面有一个可容六七十人的洞厅，像个硕大的舞厅，洞内石刻“七云梯”三字，据说是明朝时前人留下的凿迹。厅中有一石，有水滴到下面一石碗中，奇怪的是水满而不溢，名曰“油炸滴水”，其实是碗底有微小石隙，水沿石隙渗入地下，只是肉眼不易察觉而已。据闻，从前玉律、公明、石岩等周边村民，都会在农历正月十五、三月三和七月七这三天爬上大髻婆山，在“七云梯洞”里烧香祈愿，祈祷大髻婆与她日日思念的郎君在天上相会，也同时保佑地上的村民们平安健康。

穿过“七云梯洞”，石岩湖尽收眼底。此山是光明区与宝安区的地理分界，站在山顶俯瞰下去，湖坝下面便是玉律温泉。村中老者会一脸正色告诉你，温泉的水是思君的热泪化成的，“不信你尝一下，还有点咸”。

玉律，一个富有诗意琴韵的村落，虽然一直不显山不露水地安于山野，但其穿越千年的人文脉动，亘古不变地让这里充盈着儒雅的精神气象，生命力正随着年轮递进而更趋丰沛。

经历过那么多朝代更迭，见证过那么多旌旗变幻，玉律村仍然气定神闲，玉律汤湖还是那么温热，大髻婆山照旧为黎民遮风挡雨。

岁月依旧，节奏依旧。

古泉清吟玉律韵，此曲只应天上有。

梅 林 寻 梅

梅林应该算是深圳最著名的地名之一了。

福田是深圳的中心区，梅林是福田的后花园。

梅林街道静静地待在福田区的北边，是福田辖区中面积最大的街道，坐拥万亩山林，怀抱翠绿水库，真正是“半城山水甲深圳”。

它像一块翡翠，镶嵌在几个区的中央。东起银湖与罗湖区清水河相邻，西至安托山与南山区桃源相望，北抵梅林山顶与龙华区民治相接，南临深圳车流最密集的北环大道。

梅林自然与梅相关，路名无处不见梅：梅丽路、梅华路、梅村路、梅韵路、梅彩路、梅秀路，当然最正宗的还是那条梅林路。

一、梅踪何处寻?

梅林虽无梅，梅名却远扬。

梅林有梅花吗？很多人有疑问，我初到深圳时也有此一问。

因为“梅花欢喜漫天雪”，那么在这终年不见雪的南国，见梅殊不易，又何来梅林呢？踏遍梅林道，无处觅芳踪。

前些年，政府有关部门为了让梅林名副其实，确实也做了一些努力，甚至在北环大道北侧辅道旁靠近红岭中学高中部，建了一个“梅园”，占地面积1.5万余平方米。据说种植了5个品种的3000余株梅花，而且不少名品，诸如美人梅、朱砂梅、绿萼梅等。后来又以梅园为中心，在梅林片区广种梅花，包括梅林绿道、梅林山公园、梅林一村等，数量达到万余株。

我也曾慕名去寻梅，结果除了看见几株残存的梅朵，不曾有幸见到那大片梅花盛开的景象。

后来查地方志，对梅林的解释是“山多林密多杨梅树”，方知此梅非彼梅。我们望文生义的是“凌寒独自开”的梅花，而梅林的梅是“红实缀青枝”的杨梅。梅花是观赏的梅，杨梅是入口的梅。而杨梅的主产地恰在广东等南方地区。

由此可以得出结论，梅林确确实实有梅，是酸甜爽口的杨梅。所以我们不必穷尽全力去追逐“俏也不争春”的梅花。

细细想来，这种文化心理倒也符合中国的文化传统。

自古以来，中国的文人便有慕梅情结，在古代文学中，“梅”字的出镜率奇高，且一直分两支。一支重入眼，一支重入口。

梅花作为四君子之首，名气实在太大了。梅花是北方的植物，因其盛开时百花已谢，所以更具独立性，这对有着格物致知意识的文人，便有吸引力，所以有“岁寒三友”松竹梅，也有“花中四君子”梅兰竹菊。因此，对梅花的推崇，其实是文人对独立品格的追求。花中四君子世世代代被人们仰望、欣赏，乃至膜拜。其中以宋人林逋为最，他中年隐居杭州孤山，终日养鹤种梅，有“梅妻鹤子”佳话流传。

而作为非观赏类的杨梅、青梅等则与寻常生活关系更大，也更接地气。古诗中写杨梅的诗也多不胜数。最极致的要算宋代余萼舒的《杨梅》：“摘来鹤顶珠犹湿，点出龙睛泪未干。若使太真知此味，荔支应不到长安。”按他老人家的说法，假如当年杨贵妃先吃到的是杨梅，那“一骑红尘”入长安的就是杨梅，没有荔枝什么事了。

至于青梅，那就更加为人熟知了。李白一首诗让“青梅竹马”成为初恋的代名词，而曹操与刘备的“煮酒论英雄”，煮的也是青梅。曹操独爱青梅，行军途中为了激励士兵，还独创了“望梅止渴”的方式。

梅林，让古典诗词中的那个词语，成为现实中的场景，宋代杨万里的“醉入梅林化作蜂”便成为我们共同的冲动。

二、上梅林

梅林分为两个，上梅林与下梅林。

在深圳坐出租车，上车不能光说去梅林，司机一定要问清楚：是上梅林还是下梅林；而粤语里的上和下，在发音上极易弄混，所以有时候说了也白说，我就曾经为此多走好大一截冤枉路。

上梅林村建于南宋，距今800多年。该村为黄姓所辟，生于唐朝末年的黄峭山，是黄氏南迁史上极为重要的人物，他被福田区的梅林、福田、上沙、下沙等四个村的黄氏族人尊为共同始祖。峭山公是福建漳南人，是战国四君子之一春申君的后代，官至工部侍郎，相当于今天的住建部副部长。据清光绪《禾坪黄氏大成宗谱》记载，黄峭山共娶上官、吴、郑三氏，每房生了七子，共21子。为了防止兄弟相残的悲剧在自己家族重演，黄峭山做出了一个重大决定，他将家产分成21份，命三房各自只留长子在身边，其余各子带家产一份及《黄氏族谱》一套，带家眷外出谋生。自此黄氏开枝散叶，遍居各处。

上梅林正是由黄峭山第16代嫡孙黄仲孙创建，村里至今还有一幢“梅庄黄公祠”，门牌为祠堂村1号，彰显着它的独特地位。据称建于明朝，重修于1996年。新漆不掩旧痕，青砖黄瓦间布满各种花卉、鸟兽纹样的浮雕，走进祠堂内可见四壁上画满了神话人物、山水花鸟的壁画，意趣盎然。

梅庄黄公祠是典型的广府建筑，三开间三进布局的砖木结构建筑，房屋大致朝向为坐东北朝西南，主要由青砖墙、麻石石柱竖向承重，木梁架、上墙搁擦支撑瓦屋面，瓦屋面底瓦接缝平铺形式。祠堂大门的花岗岩石上镌刻一副门联：“风高宋室，肇衍莲城。”对联阐明了黄氏祖先开基宝安是在宋朝，因为宝安县城南头的古名为“莲子城”，所以称为“肇衍莲城”。

祠中有峭山公祖训诗：“骏马堂堂出异方，任从随处立纲常。年深外境犹吾境，日久他乡即故乡。朝夕莫忘亲命语，晨昏须念祖宗香。惟望苍天垂庇佑，三七男儿总炽昌。”个中可以窥见，黄氏后人始终没有忘记祖先教诲，不忘初心，厚德载物。

黄公祠的侧面还有一座龙母宫，这也是深圳地区唯一的龙母宫。据深圳民俗学者廖虹雷研究，梅林供奉的龙母与大鹏供奉的王母完全不同，大鹏的王母也非常人所知的玉皇大帝的夫人西王母，而是宋少帝之母杨太后，杨太后被尊称为“王母”，至今大鹏尚有“王母洞村”“王母墟”等地名。梅林的龙母也是由真人演变成神的，她与天后、洪圣、北帝一起被广东人称为南海“四大水神”，在珠江流域被看成是善良、博爱和力量的化身。

龙母宫也是明朝建筑，于清乾隆年间重修，现保留清朝建筑风格。进入龙母宫，大门上的屋檐画着一些传统花草檐画，门额上灰塑着“龙母宫”三个黑字。进入一道屏风式的门，见屏风木柱上刻着一副“龙光普照东西粤，母德长留复载恩”的对联。正殿门顶上方的匾帘上绣着“龙光普照”四个金字，烟火袅绕的供品案台后，神龛上供奉着三尊神像，中间端坐的是慈眉善目的龙母，左边是龙母的大嫂，右边是龙太子。《福田区志》载：传说龙母娘娘原名温凤娇，生于西晋怀帝辛未年（311年）五月初八子时，是百越族的女首领。当时在百越族的领地内，有一条西江，每到夏天都要发大水，两岸的房屋和农田全被冲毁，百越的老百姓深受其害。龙母谨记心中，寻找机会治理洪水，为黎民造福。

龙母宫既然供奉的是龙母，那两侧为何又有她的大嫂和太子呢？据廖虹雷所述，其中有个故事：传说有一次温凤娇到家附近的井里挑水，打水打到第三桶的时候，发现有个龙蛋。她想把龙蛋放到衫裤口袋里，又担心会弄破，于是把龙蛋含在嘴里，谁知一挑水，不小心咽了下去。几个月后，她的肚子慢慢地鼓了起来，父母觉得奇怪，说你一个女孩子家没嫁人，怎么肚子大了起来呢？温凤娇只好把事情的经过告诉父母。父母就把她安置到一个小山洞里，陪同她的还有她的大嫂。后来温凤娇生出来一条龙，这就是龙太子。温凤娇便被称为龙母娘娘。太子长大后就带着龙母娘娘周游，整治水患，帮助船夫渡过险滩，和龙母一起，庇护百姓，造福于民。

到了明朝年间，村中长老忽然见到了龙母娘娘现身，于是就和乡人在上梅林村口建了一座龙母宫，奉祀龙母的同时，因其嫂子、太子有功，也将他们一起供奉。每年农历五月初八龙母娘娘诞辰、八月初一得道日，村人用銮轿抬着龙母像四周巡游，舞麒麟，唱大戏，希望给村里人带来好运气。如今，上梅林龙母宫砖墙上镶着一块“乾隆五十五年（1790年）十二月吉旦重建本庙碑记”。因碑刻年月太久，好些字形受损模糊，勉强可认。

三、下梅林

下梅林在上梅林的西边，为郑姓所建。

元末明初，郑氏族人为避中原战火，由河南荥阳迁居到福建莆田。明末时期，福建莆田一个支系又迁入广东潮州，再迁入深圳坪地，最后由郑庭礼公率族人移居下梅林，现下梅林郑氏后人基本是郑庭礼公的4个儿子文润公、文广公、文仁公和文义公的后人。

下梅林的荔枝曾经名噪一时，这是因为300多年前郑氏先人从福建莆田移居深圳时，带过来几十棵荔枝树苗。经过一番轮种，荔林由最初的几十棵发展到5000棵，最高年产量曾达到53万斤，与西丽、南头的荔枝齐名，通过广交会远销海外。那个时候，香港人点名要买“梅林荔枝”。

与上梅林密集的人文遗迹众多有所不同，下梅林显得地广人稀，在改革开放前，下梅林有三多：土地多、山头多、荔枝多。在梅林水库脚下，全是果园和农田。

下梅林没有像黄公祠、龙母宫那样的古迹，它所能与上梅林较劲的地方恰恰是一个字：新。梅林水库在这里，梅林公园在这里，而且，它还拥有一个超大的村子：梅林一村。提起这个村，那可是大大有名，它成为下梅林的骄傲。

我刚来深圳没两年，分到了南山区松坪村的微利房。每次从福田驱车去往南山时，都会经过一片荒凉的下梅林，当时很是疑惑，干嘛把这么近的地方抛荒，去那么远的地方开发。

到了1996年，几乎一夜之间，这里开始破土动工了，而且动静很大。当时深圳市住宅局组织了一次史无前例的住宅小区国际招标，最后由香港的何显毅建筑工程师楼地产发展顾问有限公司中标，获得梅林一村的设计总包资格，成为深圳市第一间全面负责住宅局开发项目之总包设计工作的香港建筑师楼。这间建筑公司的客户还包括香港中文大学、香港浸会大学、香港地铁公司等。

梅林一村一开始的定位就是：智能化、园林型、标志性的住宅区。

两年后的1998年，梅林一村落成，曾经冷冷清清的下梅林，一下子变得车水马龙，因为居住者以公务员居多，被赋予“亚洲第一村”“公务员村”等各种别称。

梅林一村拥有从幼儿园到小学的教育配套设施，有梅林公园。两任总理朱镕基、温家宝都视察过这里。在我看来，如果以公务员入住率为指标，梅林一村完全可以称得上是世界级的“公务员第一村”。

梅林一村还有一个傲人的地方，就是村里含了一个市一级的公园。当你来到梅林一村，如果向路人打听梅林公园在哪里，他一定会带点儿自豪地朝里努努嘴说：“哦，在村里边。”

梅林公园是从连绵的梅林山伸向梅林一村的四个半岛式山体，居于福田、南山、宝安交界处，东与银湖山相望，西与安托山相邻，北与塘朗山郊野公园相接，是个“身份最复杂”的公园。梅林公园最大的特色不是有梅林，而是有片古荔林，保留了原有的近千株古荔枝树，其中大部分都有百年以上的树龄，古树参天，生机勃勃。梅林山海拔396米，不高不低，适合登临。

公园有三条登山道通往密林深处神秘的高处，行至山边可见一处“三圣宫”。此“三圣宫”与别处道教的“三圣宫”有所不同，这里的三圣既不是太上老君，也不是文昌君，而是三位分别姓邹、黎、石的仙人，传说已不可考，但香火却缭绕至今。

20多年前，梅林公园曾邀我为其撰《梅林公园赋》，赋文第一段为：“佳山涌绿，秀水泛波。南国佳境，孕育风流。梅村北麓，荔林千亩壮哉；水库南沿，梅林公园是也。古树参天，有飒然之风声；绿道巡地，引翩然之少年。扶老者，登高饱览山色；携幼者，漫野嬉戏乐园。或窃窃私语，或浅吟低唱，如曼妙乐音绕水绕梁；或踽踽缓行、或争先恐后，似华丽卷轴且张且扬。”

四、梅林水库与二线关

梅林在地形上是东西狭长的，如果说它是条龙，那么点睛处便是梅林水库。

梅林水库原名马泄水库，初建于1956年，后数次扩建，并易为今名。该水库为兼具调节供水与防洪功能的中型水库，主要是在深圳东深供水工程每年检修期间向邻近的梅林水厂供水。同时，通过削减新洲河的洪峰，减轻福田中心区的防洪压力。

水库三面青山环抱，秀色蔚然。从梅林水库沿石板小路向西北，直至塘朗山，沿路有望天螺等山峰。这一带山林掩映，荔树遍野，人迹罕至，更有山泉多处，泉水叮咚，仿佛世外仙境。深圳市的徒步爱好者，无人不爱这蜿蜒曲折的登山小道，很多恋人也会携手沿路且行且语，卿卿我我。

这条为人津津乐道的绿道，原为“二线关”，只有深圳人才懂“一线关”和“二线关”。所谓一线关，就是深圳与香港的边界。二线关则是将深圳与内地其他地区隔开的铁丝网，这道铁丝网高3米，长达84.6公里，东起盐田小梅沙，西至南头安乐村。铁丝网将深圳分割成两部分，也即俗称的关内、关外。在二线关的切割下，深圳成为“一市两制”的城市。中国人要从内地其他地区到深圳去，必须办一个边境证。边境证其实就是一张纸，上面手写着你的姓名、籍贯、年龄，但并无照片，过二线关时，边境证与身份证并用，方可过关。

2005年，进入深圳经济特区的“边境证”完成了历史使命，退出了舞台，人们只需凭身份证即可进入经济特区。2010年7月1日起，深圳进一步扩大了经济特区的版图，经济特区范围扩容为1997平方公里。二线关从制度层面上拆除了，但是那个物理空间的关口仍然矗立在原地。梅林关作为深圳南北向的通道，每天的早晚高峰，交通会堵塞异常，所以深圳有句名言：“英雄难过梅林关。”深圳的上班族，只要提起梅林关，都会眉头一紧。

2015年，梅林边防检查站（即梅林关）开始拆除，肠梗阻终于打通了。三年后，2018年1月15日，国务院宣布撤销“深圳经济特区管理线”，至此，“二线关”彻底成为历史名词，今天的深圳人可能大多不知道这个名词了。

梅林是深圳城市化的杰作，它向人们证明，在一个密度极高的空间，仍然可以拥有一方葱翠的净土。梅林是绿色的，梅林街道文化站的品牌活动是“绿色文化节”，从2015年开始到2024年已经举办了10届。从闻名遐迩的中康路8号“雕塑家园”到“中康艺术长廊”、卓悦汇、新一代产业园，如今漫步在长1.2公里的中康路上，“梅林印象”“都市风景线”艺术围墙与街区融为一体，沿线艺术井盖、花瓣椅、创意变电箱点缀其间，成为精致的城市细节。梅林文化站的罗万如告诉我，文化站正在改造，很快我们将看到一个最美的文化活动空间。

梅林与安宁、优雅、浪漫并存。那片绿叶红果的梅林、荔林，都让闹市中的市民可以找到一片能畅快呼吸的天地。

愿每个人的心里，都有一片梅林。

少年吉华的客家印记

在一般人看来，深圳是座新城，又毗邻香港，所以地名应该是洋气而时尚的，但事实上，深圳地名一直是“土洋杂陈、奇葩迭出”，既有“观澜”“民主”“民治”这样雅致文明的村名，又有“牛栏前”“抛狗岭”“对面喊”这样俚俗土气的地名。

原因自然归结于此地属于客家地区，世代移民将南北社群聚拢于斯，因而中原文化与岭南文化一相逢，便碰撞出新的地名与人文景象。

初来深圳的人会一次次留意到许多地名中都带个“坑”字后缀，让人步步惊心。“坑”有“低洼之地”的意思，那些带有“坑”的村、街、路，大都处于地势较低的位置。南方雨水多，很容易就形成水坑，好在今天有了完善的市政排涝设施，即使在雨季，这里也不再被水淹。

在许许多多的“坑”里，有一个最出名的坑，叫甘坑，如今在深圳可谓是“明星打卡地”，说游客情愿被它“坑”，也不为过。

甘坑在龙岗区吉华街道。说起吉华街道，也许知道的人并不多，但如果说起布吉街道，大概无人不知。它们都有一个“吉”，确实同根生。2016年12月，吉华街道从布吉街道分出来，是深圳最年轻的街道之一，正值少年。

一、甘坑的惊艳

甘坑起源于明清时期，是第四次客家大迁徙的产物。众所周知，深圳是移民之城，“移民城市”是深圳的标签。但大多数人都以为，是改革开放才开启了它的移民史，实际上深圳的移民史足足有2200多年之久。其间经历了秦汉、东晋、宋等几次大规模人群迁徙。明清的第四次大迁徙便催生了南国新安县，甘坑也便在这个时期人丁兴旺起来。

甘坑再度火起来，与吉华街道成立几乎同步。2016年，华侨城文化集团与龙岗区合作，准备投资500亿元开发甘坑。他们希望对原有甘坑客家小镇进行综合性开发，以传承和发展客家民俗文化为核心，通过复修村内400多间客家民居，兴建客家历史博物馆，提升小镇内部自然景观，建成一个文化鲜明、风格突出的旅游胜地。

这里有“中国凉帽第一村”。自清嘉庆年间，这里的客家凉帽制作便闻名遐迩，直至20世纪50年代，凉帽村建起1000多平方米的凉帽厂，凉帽产品远销海外，深受华侨的欢迎，甘坑客家凉帽盛极一时。现在的甘坑，除了客家凉帽的销售，还有诸多源于“小凉帽”的影视IP文创产品，这项省级非遗也落户于此。

目前甘坑客家古镇最著名的景点是“二十四史书院”。这片清式风格的建筑群，融客家建筑与自然山水于一体，已构建起二十四史文献系列展览、东坡书屋等特色书店群、小凉帽亲子绘本屋、花兮山房茶会雅集、记忆民谣音乐晚会等五大文艺内容，将阅读、旅行、社交与创业融为一体，以“让阅读更美好”为宗旨，打造都市人的文艺家园。

每到周末或节假日，年轻的父母都会带着孩子来到甘坑古镇，在书房与廊檐间流连忘返，沾染一点书卷之气。

二、吉华为什么这样红？

甘坑的高光时刻，是在近代史上，有一条红色的印记深深地铭刻在这块不寻常的土地上。

深圳本土文史作者陈建平曾在《吉华为什么这样红》一文中详细地记载了这段可歌可泣的红色历史：从甘坑一路向南，经水径，越三联，一条红色革命线路在吉华街道区划图上依稀可见。这条红色线路，与观澜、平湖、坂田、布吉等周边“红线”水乳交融，绘出一幅波澜壮阔的革命历史画卷。

1938年10月12日，日军在大亚湾登陆。21日，广州失陷。11月22日，日军在大鹏湾登陆，攻陷大鹏城，随后分三路猛攻深圳镇，于26日占领深圳镇。宝安县城南头随后沦陷，日军扶植汉奸建立了傀儡政权。

抗战期间，宝安县主要驻扎有日军、伪军、国民党军队、中共游击队等武装力量。据《曾生回忆录》记载，阳台山抗日根据地开辟之时，日伪军3000多人驻扎在宝太公路沿线的松岗、沙井、西乡、南头、深圳、沙头角和布吉等地，国民党军队1000多人驻扎在广九铁路沿线的林村、塘厦、石鼓、平湖和观澜等地，对阳台山形成三面夹击之势。

日军兵源不足，时占时撤，但留下小股部队常态化掌控着交通要冲，并利用汉奸政权维持统治；国民党军队则趁日军撤走之际占领失地，利用喘息之机“围剿”中共游击队。

实力尚弱的中共游击队，利用高山密林为屏障，放手发动群众，开辟了阳台山、大岭山两个抗日根据地，以游击战打击日伪军，破坏敌人的交通线，袭击敌人的炮楼驻点，并坚决反击国民党军队的“围剿”。此时的游击队，面临着日伪军、国民党军队的双重军事攻击，处境最为困难。

在此条件下，甘坑附近的凉帽山，水径、三联周边的鸡公山，就成为中共游击队躲避强敌、寻机消灭敌人的天然屏障。这也是甘坑、水径、三联成为红色革命据点的地理因素。

1942年2月，著名的“中国文化名人大营救”行动展开，邹韬奋、凤子、胡绳、刘清扬等文化名人从香港脱险后，曾短暂居于上水径后山窝临时搭建的山寮招待所里。他们与进步群众一起，唱歌跳舞，表演戏剧，缓解紧张的战争氛围，为上水径带来一缕春风。

如今，放眼吉华这片山水热土，留下了一处处抗日胜迹：东江纵队首部电台诞生地；上下坪会议旧址；邓石泉烈士就义地；邓石泉、邓金仁烈士墓遗址；张桂清烈士墓地；尹林平、曾生等养伤养病地；游击队税站遗址；大靓七圣宫藏枪处……2021年至今，在吉华街道党工委、办事处的致力推动下，一个个被掩藏在时光里的地名和人名被挖掘出来，一件件鲜为人知的烈士事迹和老战士的革命故事浮出水面。

残酷的战争年代，多数人因为看见而相信，只有少数人因为相信而看见。吉华的这些英雄儿女，用他们的热血和生命，抒写了自己的红色传奇。

三、三联玉石传奇

吉华街道有个三联村，它的名声甚至比吉华还要大，尤其是在海外，这绝无夸张，其中的媒介便是璀璨耀眼的玉石。

三联不产玉石，却为何是享誉海内外的玉石文化村呢?

这还要追溯到20世纪90年代。

1993年，春天来得格外早，当时的三联村在深圳默默无闻，面对率先在改革开放中富起来的兄弟，这里还没什么拿得出手的东西。此时，村里来了两个台湾商人：吴正麟和许武城。他们是做珠宝玉石生意的，也是第一批来祖国大陆拓展业务的台商。他们在布吉做水晶玉石加工，一直顺风顺水，尝到了祖国大陆这个庞大市场和丰富劳动力的甜头。

于是，他们在三联村抛出的橄榄枝下，注意到这个不起眼的村子。一经考察，发现这里具有更好的环境，便把原先的工厂都搬了过来，他们的100多位徒弟也跟了过来，三联便有了第一家水晶玉石加工厂。

办企业是有聚集效应的，三联村像一块磁铁吸引了其他的水晶玉石商人，福建的雕刻师郑庆明也来了，河南小伙朱克俊也来了，很快这里便成为玉雕大师和玉石商人趋之若鹜的宝地。随着玉器工厂、商铺的增加，“三联玉器街”应运而生。到2006年，三联玉石村便形成了玉石采购、交易、设计、雕刻、加工、鉴定、拍卖、技能培训一条龙的完整产业链。随着深圳文博会的召开，三联村成为中国乃至世界闻名的“深圳玉都”。

至此，一个玉石文化村业已形成。文化村以禾沙坑为中心，辐射松元头和塘径村。禾沙坑村拿出“深圳速度”挖基筑屋，统一规划修建村民住宅，在村中心修好两条十字相交的主商业街。竖街长达千米，横街接近500米，均为四车道，中间饰有绿化带，内竖与玉文化相关的雕塑，外边则做了木凳，供游客休憩。商业街的两边，统一改建成为商铺。

一切都是水到渠成，吴正麟、许武城、郑庆明等趁势发起成立了“三联水晶玉石文化协会”，三联玉石集结成军。经过十几届文博会的洗礼，三联成为海内外客商云集的地方，每年的文博会这里都是不二选择的分会场，而且每次都会有新的创举推出。

曾经的台湾玉雕大师许武城的徒弟、现任玉石文化协会会长的郑庆明先生说：“三联因玉而名，因玉而兴，在呼唤工匠精神的当代，玉雕工匠云集的三联始终是文博会打造的文化名片。在文化发展的大背景下，玉雕作为三联玉文化产业的根基，工匠精神始终是文化产业发展不灭的主题。我们希望三联的工匠精神能在青年玉雕匠人身上落地生根、汩汩流淌，让它在文博会的舞台上继续耀眼发光。”

四、客家民俗的嬗变

吉华作为明清客家属地，有着丰富的物质与非物质文化遗产。除了散落于甘坑、水径、三联、丽湖、翠湖、光华等村落社区的客家民居、古老榕树，还有众多的省、市级非遗保护项目。

除了前面提到的客家凉帽，便要数客家麒麟舞中最重要的行头——麒麟套。麒麟舞文化是清朝时由东莞传入的一种民间艺术表演形式，以锣鼓加唢呐为伴奏，是客家人世代相传的艺术文化。麒麟舞集歌、舞、乐于一体，而“麒麟套”则是麒麟的头与身体的形态，所舞麒麟的骨架用竹篾扎成，表皮用各色彩布蒙成，分成头、尾两截，中间穿孔，舞者站在中间穿孔处将麒麟皮套在身上。在春节期间，麒麟队舞动彩色麒麟挨家逐户上门恭贺新年，寓意吉祥健康，深受群众喜爱。现甘坑村麒麟队在非遗传承人张仁钟的带领下，以甘坑新村日新月异的发展为模板，结合传统套路编排出新的麒麟舞，在2019年12月代表吉华街道到马来西亚参加“第二届世界麒麟大赛”荣获金奖。

此外，起源于清代的“李氏金银手工镶嵌技艺”，通过金银及多种珍贵宝石材质的组合与烘托，经过钳、敲、夹、嵌等20余道工艺流程，将一块金属、几颗宝石巧妙镶嵌为一件件造型优美、细腻生动的精美饰品。该项目以广东省工艺美术大师李彤为代表性传承人，继承并发扬了中国古代金银饰品的制作工艺，成了一种独具特色的工艺文化。

作为玉石文化的代表，吉华还拥有三项玉石非遗项目：玉雕俏色技艺，作为第四代传承人的陈宗艺曾多次获得国家级、省级展评奖项；仵氏玉雕艺术，第一代传承人是民国初年民间艺人仵永甲（1878—1952年），他制作的玉石工艺品曾参加巴拿马万国博览会，被列为我国四大制玉名人之一，现已传至第四代传承人王显克；绿松石雕刻技艺，是一种最早记录于商朝、中华民族特有的手工雕刻技艺，目前的传承人为伍辉。他们都在吉华继续传承着古老的民间技艺。

吉华街道宣传部原副部长王佳妮告诉我，吉华街道辖区共有九项非遗项目，分别为省级非遗项目甘坑客家凉帽制作技艺，市级非遗项目手指书画（深圳）、太极拳（陈式），区级非遗项目甘坑麒麟套、李氏金银手工镶嵌技艺、马头琴音乐、玉雕俏色技艺、玉雕艺术（仵氏）、绿松石雕刻技艺等。

古老与年轻，就是这么毫无违和感地集于吉华一身。

吉华，吉华，吉祥之花，正绽放在这片青葱少年的土地上。

福 永 之 福

深圳的很多地名，都在历史沿革中反复变更，追寻起来甚是复杂。但福永是个例外。

明万历三年（1575年），朝廷在新安县福永墟设立福永巡检司，此为福永首设政制称谓之始，自此福永地名一用就是450年，行不改名，坐不改姓。

对于经常出差坐飞机的深圳人来说，福永是必到之处，因为宝安国际机场就在这里；广深高速、地铁1号和11号线、107国道也均在福永街道立体交会；由福永码头开出的飞翼船1小时可直达香港、澳门，还有可停泊5000吨货轮的福永货运码头。

因此，福永街道是实至名归的海陆空交通枢纽，这在全国也不多见。

一、天外飞来的凤凰

福永历史悠久，据考古发掘考证，早在六七千年前（新石器晚期），就有人类在此一带生息繁衍。青铜时代夏、商、周时，土著百越人常在凤凰山脚、桥头涌边一带栖息生活，目前已有大量出土文物可以佐证。

自东晋、隋唐以来，福永地区有不少三五户至七八户成村的小村落，沿海基围一带（今和平、新和、兴围、下十围村一带）历代都有游离渔民居住生活。桥头后山果园处，至今保留有一万多平方米范围的唐宋时期的古村落遗址，五代十国至北宋时期，今桥头灶下村、怀德旧村、白石厦旧村、福永旧村处，都有十多户成村的小村落。

明万历三年（1575年）在福永墟设立福永巡检司。巡检司的主要职能是维护地方治安，功能类似于今天的公安派出所。这个职位起于五代，盛于两宋，明代在此地首设该司，可见福永当时已具有相当人口规模，繁荣程度当也与之匹配。据《新安县志》记载，福永巡检司辖福永、西乡、松岗、公明、石岩一带区域，当时该区域的政治经济文化中心便在“福永墟”，巡检司也设在福永墟旁边的福永老街。

福永最著名的地方是凤凰山，以及山脚下的凤凰古村。

凤凰山伫立在珠江口东岸的这条山脉，呈南北走向，从北至南横跨福永、沙井、公明、石岩五个街道，主体位于福永境内，山脊轴线呈月牙形，最高峰为福永与西乡的界山大茅山，海拔376米。

据清康熙《新安县志》记载：“凤凰岩，在茅山之北，巨石嵯峨；广数丈，洞彻若堂室，传昔有凤凰栖其内。”有凤凰栖于内，固然属于神话范畴，但凤凰山之于福永乃至宝安，却真如天外飞来的凤凰，带给此地绵延悠远的福气和祥瑞。所以，福永乃是洪福永固的天赐之所。

凤凰山现已辟为森林公园，风景绝佳，景区分为三部分：山下宝塔胜景区、山中古庙胜景区、山顶晚霞胜景区。

山下宝塔胜景区的核心便是那座巍峨挺拔的凤凰文昌塔。这座建于清嘉庆二十一年（1816年）的古塔，为青砖六角塔，塔高六层，是宝安境内现存的最高古塔。塔边一股溪流，绕塔往下流，从东江汇入珠江。溪边绿榕摇映，风景十分幽雅。文昌塔，顾名思义，就是崇文的建筑。古人非常重视文昌，凡是有文昌塔的地方，在过去都是出过很多文人墨客的。仅以此凤凰文昌塔建成时期统计，新安县当朝便出了8位进士、47位举人。

凤凰山的山中古庙胜景区，核心是凤岩古庙。古庙建造在飞云岭南侧，三面环山，一面临海。后背云顶鳌峰，前拥浩渺珠江，祥气氤氲，芳林郁郁，龙盘虎踞，实为宝地。

凤岩古庙始建于元初大德年间，是文天祥的曾孙文应麟为了纪念文天祥所建，迄今已有700多年的历史了。相传文应麟来此正值岁荒，为便于了解灾情，他在大茅山巅建了一座望烟楼，只要瞭望到无炊烟的村庄，便立即派人前去救济。某日，文应麟出外走到凤岩，看到这里地势奇特，山岭峻秀，奇石多姿。他便打算在这里建一座庙来纪念自己的曾祖父文天祥。恰好前夜他又做了一个梦，梦见观音叫他在凤岩建“凤岩刹”。于是，他便筹资修建了这座庙，一则供奉观音，二则纪念文天祥。因为此一缘故，700多年来，远近居民和游人都喜欢到这里进香祈福，庙内香火一直很盛。庙内塑有观音像，并建有文天祥纪念馆和应麟亭，以纪念文氏先贤。

继续沿凤凰山登顶，便可见山顶晚霞胜景区，此处主要景点为“云顶参天”，又称飞云顶，便是凤岩古庙背后的鳌峰，巨石奇诡，如灵鳌飞降。明朝新安进士郑文炳曾留下“扶节直上飞云顶，举手不觉摩苍冥”的佳句，自此“云顶参天”成为凤凰岩胜景之冠。

凤凰岭下有人家，这便是远近闻名的凤凰古村。

这个村在唐宋时期一直称为岭下村。宋代以前，就有居民在这一带繁衍生息，但均为零星散户。而这个村的人丁兴旺以及易名凤凰，均与南宋名相、抗元英雄文天祥有关。

南宋德祐元年（1275年），元军举兵南下，进犯南宋。宋军自临安（杭州）沿海直退宝安、新会、珠海一带。丞相文天祥自老家江西赣、吉两州募集数万民兵，文天祥族人也成为他的抗元子弟兵。由于宋廷沿海逃亡，文天祥军在收复东南部分失地后被元军击败。祥兴元年（1278年）文天祥于潮州海陆丰被俘，后屡拒劝降，并留下荡气回肠的名句“人生自古谁无死，留取丹心照汗青”，终被元世祖忽必烈所杀。

文氏族人随败军溃散，逃至宝安西南沿海荒芜地带。文应麟系文天祥弟文天瑞之孙，《文氏通谱》描述了这位宝安始祖：“迈众好义乐施，生平豪爽浪游四海。见宝安东渚沃土膏腴，从惠州而徙迁居之后，家业恢广，累富数万。”文应麟于元贞元年（1295年）携二子及族人迁至岭下村（凤凰）置业开村。后文应麟长子若龙居岭下，次子若凤于大德年间迁居白石厦村，开村立户。至此形成凤凰、白石厦、新田三村文姓系列，现今三村文氏族人合共2600多人，为福永第一大姓。

文天祥可以含笑九泉了，他的胞弟文天瑞成为粤东文氏的始祖，侄孙文应麟成为宝安文氏的始祖。福永庇护了一个忠肝义胆的英雄家族，而文氏又为福永缔造了一方人旺地兴的乐土。

二、万福飞临百姓家

福永得益于这个喜乐盈门的“福”字。

因此，在福永便时时浸润于福文化的温暖中。

把福文化做到极致的便是“万福广场”。

作为一个街道的广场，万福广场却拥有与众不同的高光时刻，它曾因亮相中央电视台春晚而为万众瞩目。2011年的除夕夜，一群来自福永的农民工兄弟，就在这个广场上跳起了街舞《咱们工人有力量》，潇洒刚劲的舞姿让人们似乎忘记了他们本来的身份。他们在福永做着建筑工、洗车工、推销员，来自各地乡野的农民工，在福永华丽转身成为都市的摇滚青年，他们平时的舞蹈天地便是万福广场。也许正是这个阔大的广场激活了他们的艺术细胞，也成就了他们的人生梦想。在那个无限美好的除夕，他们纵情欢舞，挥洒青春。也正是在那次春晚上，与深圳福永街舞团同时闪亮的草根明星，还有旭日阳刚、西单女孩。

万福广场面积3.9万平方米，比5个标准足球场还要大。作为一个街道级的广场，堪称大手笔。平时这儿是附近居民最喜爱的文化休闲场所。宝安作家唐诗在她的一篇文章中这样描写她印象中的万福广场：“我总是嫌南方的夏季漫长，夜晚不愿意长久待在房间里吹电风扇或者冷气，看身边人都拖家带口去万福广场‘兜风’，懒得去远地方的话，我便也随着人潮涌向那里。广场边上一年四季都有开花的树，我称那些花是闲花，闲花在无人处落，我的心就跟着一块沉到了泥土里，变得宁静到极致。夏夜，广场上的大人牵着自己的孩子走走停停，间歇停下来朝矗立于西北侧的露天大电视瞟扫，脸上盛满笑容。有一部分不带娃的人自顾自找一个僻静处席地而坐，享受大自然的给予：广场四面的楼群都没有遮挡，星空下犹如倒挂了一台遮天的吊扇，晚风习习，凉快至极。”

当然，最值得骄傲的还不仅是广场之大，而是这个广场竟有两项吉尼斯纪录：一是巨型雕塑万福壁，二是花岗岩九龙柱。

万福壁无疑是万福广场的灵魂，没有它这个广场将黯然失色。

这道紫红色的浮雕墙壁，长130米、高6米，全部由紫砂陶高温烧制而成，整个浮雕由8833块各种“福”字陶砖拼制而成，收集了从最早的象形文字到历代书法的“福”字1万多个，故名“万福壁”。一网打尽了所有的“福”字，从象形文字的甲骨文、西夏文、钟鼎文、石鼓文，到秦代以后的篆、隶、草、楷等字形，收入了王羲之、米芾、苏轼、黄庭坚等大书法家的字迹。还有难得一见的帝王书痕，比如宋徽宗的半个福，据说寓意他当时统治的半壁江山，还有乾隆皇帝赐给刘墉71岁的寿礼“福”字等。目前世界上福字最多的紫砂陶浮雕作品舍此无他。

我曾驻足在广场上，为这些姿态各异的福字惊叹。更有趣的是，很多旁观者在观福之余，会情不自禁地上前用手触摸这些“福”字，也许大家都想从中沾一些福气吧。

九龙柱位于广场中央。白色花岗岩的石柱高约20米、直径3米，白龙绕柱攀缘，龙头向天。九龙柱周围配置了直径28米的喷水池，喷水由里向外形成落差，分段迭洒，错落有序。水池周边采用花岗岩“二龙戏珠”浮雕扶栏，栏间嵌有8条2米高的小龙柱。

曾经是帝王文化象征的九龙柱，在新时代成为寻常百姓的文化图腾，给这座移民城市的居民带来“龙的传人”的文脉传承。

三、福永醒狮惊四方

福永是广东省的“醒狮之乡”，并经国家体育总局批准，于2010年举办了“福永杯”首届全国南狮公开赛。

福永舞狮习俗由来已久，可上溯到清嘉庆年间。常年在海上漂泊的渔民以竹、木、布或纸扎成狮子，敲锣打鼓，翩翩起舞，既庆祝丰收，也祈祷出海平安。

刚开始的舞狮，舞步简单，只是靠滑稽动作博得一笑。民国年间，民间醒狮艺人李昆山在沙井街头看到有人舞狮或舞麒麟，虽平淡无奇，却招来众人围观，心想何不将武术融合在舞狮里，使其更具观赏性。李昆山找来在香港开私人武馆、以传授舞狮技艺和武术为生的何思杰，又在福永找到一家舞狮的民间班子，于是武术开始融合在舞狮中。福永的醒狮队在李昆山、何思杰的悉心指导下，技艺有了长足的发展，醒狮多了惊、奇、险，还有了自己的套路。李昆山、何思杰成为福永醒狮第一代传人。后来，第二代醒狮代表人物林汝旺、马聪及第三代的林派安等人，除继承原有的醒狮高、尖、精、新的动作外，还不断推陈出新，形成了福永特色的醒狮表演技艺。第四代的陈杰荣、邓锦平、梁光等又在前人的基础上，配以现代舞狮风格，使舞狮在保持原有风貌的前提下，更具有艺术性。

在福永街道各个社区中，福永、桥头、塘尾、怀德、白石厦这5个社区的醒狮队是其中的佼佼者。自清朝嘉庆年间以来，这5个村就已经有醒狮武术传统，200多年来一直延续下来，从未中断过。1996年以前都是舞“地狮”（在平地上舞狮），直到当年，才从外地请师傅回来教授“桩狮”，即站在数米高的木桩上表演。“桩狮”的观赏性较“地狮”为高，表演时配以桩、柱、钢索作为道具，以此象征崇山峻岭及铁索桥，每场比赛或表演的节目套路都编排成一个完整的故事来演绎。1976年，声名远播的福永怀德醒狮队受香港凤凰影业公司邀请，拍摄了武侠电影《荡寇群英》。1978年，塘尾醒狮队在深圳文化中心举办的舞狮大会上获得冠军，自此福永醒狮成为深圳舞狮界的王者。

福永，一个寓意吉祥的名字，一方古老神奇的土地。它承载过神话，也创造着传奇，并且还在继续讲述它未尽的故事。

大鹏风云录

在绝大多数人的眼中，深圳都是一个年轻的城市，似乎与古老、沧桑搭不上关系。其实这是对深圳最大的误读。应该说，年轻的是经济特区，而深圳这块土地却有着久远的历史。近些年随着史料的陆续钩沉，尤其是考古的不断发现，已经让人们重新发现了一个深藏不露的深圳。

而要发现这个古老的深圳，则要去东部的海边，那个叫大鹏的地方。

这里是深圳别名的发祥地，也是远古时期的祖先在7000年前生活的地方。

还有个鲜为人知的事，华南地区的第一面五星红旗是在这里升起的。

一、鹏城别名由来

深圳的别名叫“鹏城”，来由何在?

大鹏其实是一种想象出来的大鸟，有点类似凤凰，是远古人类对鸟类图腾崇拜的符号化存在。在中国文化中，大鹏是个富有刚猛之气、向往自由的神物，最初描述它的是庄子。庄子在《逍遥游》中写道："北冥有鱼，其名为鲲。鲲之大，不知其几千里也。化而为鸟，其名为鹏。鹏之背，不知其几千里也。怒而飞，其翼若垂天之云。"翻译成白话就是：北海里有一条鱼，它的名字叫鲲。鲲非常大，不知道有几千里长。鲲变化为鸟，它的名字就叫作鹏。鹏的脊背，也不知道有几千里长，当它振翅而飞的时候，翅膀就好像挂在天边的云。

庄子是浪漫的，文字也极尽诗人的想象。这种由大鱼幻化而成的巨鸟，却在中华文化中经过代代相传，逐渐成为一种具象的神一般的存在。

无论人们多么崇拜这种神奇的大鸟，但谁也没有真的见过它。

那么，深圳究竟为什么叫这个别名呢?

又从什么时候被称为"鹏城"的呢?

目前最流行的说法有三种。

其一，认为是"大鹏所城"的简称。因为明洪武二十七年（1394年）设立"大鹏守御千户所城"有600多年的历史。

其二，认为是因"大鹏湾"而得名。传说很久以前，有一只在空中翱翔的大鹏飞至南海边，被这里的秀丽风景所吸引，于是以此为家，它昂扬的头变成了大鹏山。这也与《逍遥游》中"鹏之徙于南冥也，水击三千里"相吻合。按照庄子的安排，那只健硕无比的大鹏从北海启程，目的地便是南海。它劲展的双翼西边成了大鹏湾，东边成了大亚湾；它坚挺的尾翼化成了排牙山；它健美的身躯就成了今天的大鹏半岛。设想一下，人身在半空，便可见大鹏湾位于深圳和香港之间，东边的深圳大鹏半岛与西边的香港九龙半岛，如两只手臂将这泓湛蓝的海水温柔地拥抱于怀。

其三，由上一个说法延伸出来的“象形说”。在有些人看来，深圳的别名叫“鹏城”，是因为大鹏半岛和九龙半岛舒展开来，构成了大鹏湾的两翼，它们像极了庄子笔下“其翼若垂天之云”的那个大鹏鸟。

于是人们有理由认为，这三者定是“鹏城”名称的由来。

但如果撇去浪漫主义的泡沫，我们理性地分析一下，大鹏所城是明朝的军营，按照古代建筑的一般命名规律，均会依照属地原有地名命名，正如当今在深圳西部南山区的南头村，还有一座与大鹏所城同时期设立的“南头千户所城”。所以“大鹏”地名一定在建“所城”前便已有之，应该是个村落的名字，大鹏所城因为大鹏村而得名。

这与今天人们的理解正好相反，深圳不是因为“大鹏所城”而得名鹏城，恰是因为先有大鹏村而后命名了大鹏所城。

至于大鹏湾，离今天应该就更近些了，在古代我们还没有明确的海湾概念，即使有“湾”和“涌”等字样，那也只是指小湾、小涌而已。在明朝的海图上，我们还看不到标注“大鹏湾”，而在晚清以前，海图上同样没有“大鹏湾”。

“大鹏湾”的名称与“大鹏所城”的关系密不可分，因为在海湾被标注前，地图上常常有“大鹏所”的字样，标注着这个虽已名存实亡，却仍让英国海军心存忌惮的军事要塞。

“大鹏湾”在地图上的现身，最早出现在光绪二十四年（1898年）中英签订《展拓香港界址专条》之后。在此之前因为深港同属一地，所以地图上并不特别标明海域，但因被强占领土，自然必须分清与土地相连的海洋，加上英国是当时的世界第一海洋帝国，具有极强的海洋意识，所以海湾自然也就开始命名并标注了。

这是一段手足分离的惨痛历史，后面再来说它。

大鹏半岛的陆地面积294.18平方公里，海岸线蜿蜒伸展133.22公里，被称为深圳的“黄金海岸”，曾被《中国国家地理》杂志评选为“中国最美八大海岸”之一，这条海岸线像一条金色项链佩挂在蔚蓝色的南海颈项上。

大鹏海岸包含了东涌、西涌、杨梅坑以及南澳四大地域，这里沙质细软、礁石林立，海边景色融山光、水色、林涛、海风、潮音、征帆、鸟语、花香为一体，有如蓬莱仙境；陆上山峦起伏、云雾缭绕、林密鸟众、草茂流清，好似世外桃源。

深圳虽起于农耕文明，没有赶上“大航海时代”的脚步，但在“一带一路”的新时代，它已经做好了向深邃的海洋挺进的准备。

“鹏城”这个别名早就预言了这一天的到来。

二、咸头岭旧事

咸头岭，是个很土的名字。

但这个名字把深圳的历史朝前推了7000年。

多少人都在深圳寻找故事，但他们只在寻找现代故事，最多也只幻想找到某个朝代的故事。但做梦都不会想到，这个城市的故事竟然能藏在大鹏海边的一方荒凉沙丘上，在一片片破碎的陶块上，有黑陶、白陶，还有彩陶。

1982年的夏天，当一支考古队来到大鹏半岛东北端的咸头岭村时，他们没想到自己居然踩在了远古的沙丘上。

考古学界有一个术语叫“沙丘遗址”，指的是分布在沿海或岛屿的沙滩、沙堤、沙洲上的遗址，这些以不同时期的沙粒为主要堆积物的沙丘，埋葬着不会说话的器物甚至化石，历史的密码便储存于此。无论什么时候，你一旦启动它们，它们就会苏醒过来，并向你讲述那些尘封千年的故事。

咸头岭沙丘遗址，就是深圳故事的源头。

至今我还清楚地记得，我曾经跟随深圳博物馆的杨馆长走进他们壁垒森严的藏品库，看到他们冒着毒日、暴雨挖掘出来的那些宝物。那些坛坛罐罐被放在博物馆的几个巨大的木橱里，器物大部分是经过修复的，还有一部分过于残破无法修复，只能散落地呈现原始状，名副其实是“文明的碎片”。据说在远古的母系氏族里，狩猎归男人，陶器大都是女人做出来的，所以我情不自禁地盯着一个陶杯，想象着7000年前正由某个女人用泥巴捏出它，那种时光穿越的感觉很奇特。

馆长告诉我，咸头岭的发现不仅是把深圳的历史向前大大推进，甚至也建立起环珠三角地区新石器时代距今7000年到6000年考古学文化分期与断年的一个重要标尺，证明这里是珠三角地区最早的文明，呈现了这里最早的人类活动。所以，2006年深圳咸头岭新石器时代遗址入选“全国十大考古新发现”。

我一次次到咸头岭遗址，看这里的红烧土，看发掘出来的房址、土灶、彩陶、白陶、夹砂陶片，还有数量可观的石器，那些石刀、石斧、陶尊、陶盆、彩陶圈足盘，都在争先恐后地讲述它们曾经的繁忙。在层次分明的沙层下很深的地方，还有多少更加精美的陶片和奇巧的石器，仍然还酣睡在它们的梦里呢？

在那方看起来平淡无奇的沙丘上反反复复地转圈，我惊叹于人类在自然环境异常严酷的时代，就已聚集到这块近海的沙滩上生活、生产，在这几乎是天涯海角的地方为我们开发了一派休养生息的乐土。据史料记载，7000年前的新石器时代中期，古南越先民就已经在这里结成社群开始集体生活。当时中国各地都处在暖湿气候的控制下，平均温度比现在高2.71℃，植被繁茂、动物丰富，催生了华夏远古人类的繁衍、进化。

珠江流域的咸头岭文化，与同期黄河流域的仰韶文化、长江中下游的马家浜文化交相辉映，建构了早期华夏文明的大厦。过去学历史时，我对中国古代文明史的源头，只知道黄河文明，后来逐渐加入了长江文明，现在终于明白珠江文明也与那两支文明一道汇入中华文明的海洋，中华文明不再是单箭发展，而是多箭齐发、南北并进的。

根据已经出土的文物分析，这里的先民主要的生活方式便是原始农业和渔业。从咸头岭遗址向北十公里，在葵涌还有个略晚些的大黄沙遗址，这里出土了炭化的粮食颗粒，证明此地的古越族先民已经掌握了种植农作物技术，并且可以依赖它们填饱肚子。

此外，深圳的多个遗址都发掘出新石器时期的网坠，这些用椭圆形鹅卵石打凿而成的亚腰形网坠，与现代的渔具极为近似，佐证了当时的渔民已经学会了用渔网捕鱼。

更让人称奇的是，在咸头岭遗址上，考古学者发现了当年在沙丘上夯房基、挖柱洞的遗迹，从房基、柱洞的分布和走势初步推断，这种原始的民居大约为圆锥式窝棚。解决了吃的、住的、用的，先民们也可以安居乐业了。

有了咸头岭灿烂的开始，深圳整个的早期文明便不乏绚烂和多彩。

从商代起，中国进入了农业、手工业乃至艺术品空前喷发的年代，我们有了青铜器，有了甲骨文，有了彩纹陶……

深圳也绝不寂寞。

面对人面纹青铜匕首，我们看到人物头像已经可以如此立体地构成匕首柄；面对夔纹大陶罐，我们看到了几乎完美的几何图案；面对一排青铜矛、青铜戈、青铜剑，我仿佛能听到耳边有一道寒风掠过；还有一个无比圆润和完美的梅瓶，黄色胎底上用彩色釉料画着一蓬鲜活的梅花，四周缠枝环绕，生意盎然……

历史是个寓言家，当7000年前的咸头岭还在独守一隅探索人类生存的最基本问题时，未曾想到经过漫长岁月的载浮载沉，这方快要被遗忘的土地再次聚拢起人气，开启了探索人类如何高质量延续下去的新旅程。

命运在这里又一次转了一个圈，完成了一次螺旋式上升。

三、王母传说

大鹏半岛有个王母村，俗称王母围。此王母非彼王母，不是玉皇大帝的那个娘娘，而是南宋端宗赵昰的生母杨太后。据传，当年南宋王朝的临安（即杭州）被元军攻陷后，杨太后带领小皇帝沿海一路南逃到岭南，最后在大鹏境内，终于摆脱了追兵，并在此落脚建围。后来皇太后等一行继续前行，而受伤的官兵、年迈的老人以及宫女等留了下来。为了纪念皇太后的恩德，人们将这里取名皇母围，因为广东方言“皇”“王”不分，于是“皇母围”在本地人口中说出就成了“王母围”。

王母围是明初大鹏所城三处军屯之一，整围面阔81米，进深65米，占地面积约5300平方米。围前有禾坪，禾坪前有半月池，围面开一门，围内建筑九横四纵布局，中心为围内主街，石板路面，围内房屋多为砖、土木结构，以条石为基础，以灰瓦为顶。传统民居现存120座，大部分老屋都保存完好，而且已经出租。目前居住在围屋内的租住人员近千人，原居民大都移居海外或者在围外建新居，留下的原居民不足百人。有部分老屋窗户还留有一些雕刻着各种图案的装饰木柱，布满灰尘，历史感强烈。2012年1月13日，王母围被龙岗区政府公布为不可移动文物。

同时被作为不可移动文物加以保护的还有几处宗祠式历史建筑：

李氏宗祠，这是一处民国时期防卫与居住并用的建筑，宗祠大门上刻有“奇祯李公纪念堂”，檐下有壁画。

郑氏宗祠，两进一天井布局，堂号“福庆堂”。

林氏炮楼院，始建于民国时期，由一炮楼、一带天井院落组成，砖木结构，灰瓦顶。炮楼高3层，墙上有长方形石枪眼，楼顶四周有女儿墙，并留有出水口。

林氏宗祠，占地面积25平方米，重修于21世纪初。宗祠大门上刻有“西河堂”，两侧有对联“祖德流芳千载公业，源远绵长万世鸿基”。

秦氏炮楼，始建于民国时期，底部为长方形，砖木结构。炮楼顶东西两边有镬耳形封火墙，前后有女儿墙，是民国时期的防卫建筑。

尤为神奇的是，华南地区的第一面五星红旗是从王母围这里升起的。

这里有个不为人知的秘史。1949年9月，深圳还没有解放，当时的军队在此驻扎，他们和广州来的干部、学生按照上级指示筹备开国大典的事，国旗是从香港带过来的。9月30日晚上，接到香港传来电稿，告知10月1日将在北京举行开国大典。

于是，10月1日早上6时许，伴着南国早来的朝霞，近千名军队干部、学生及群众在王母围举行隆重的升国旗典礼，五星红旗第一次飘扬在大鹏的上空。

事后才知，北京的开国大典是在10月1日下午3时开始，王母围的升旗比北京天安门广场早了9小时。

河 套 的 脚 步

“河套”是个地理名词，这个词始于汉代。它是指在一条大河的转弯处，因为内外弯道水流速度不同，外弯水流急速冲刷出新的河岸，内湾水流缓慢形成泥沙沉淀而造出新地，久而久之，河湾越来越大，形成隆起的“几”字状。

古代把河套形象地称为“河曲之地”，那些河道弯曲、宛如蛇形的区域，因为土地富饶、水草丰茂，成为农业发达地区。

中国最著名的河套是黄河河套地区。在陕甘宁盆地西北端，黄河在这儿拐了个大弯，西起宁夏中卫的沙坡头，东到内蒙古鄂尔多斯与山西忻州的河曲，此地因为土地肥沃、灌溉发达，又称河套灌区，有“黄河百害，唯富一套”的美誉。这句俗话的意思是，自古黄河泛滥成灾，唯独河套地区受益。

我们今天不讲这个古老的河套，而是说说深圳人身边的河套。

此河套叫“落马洲河套”，现在有个新的称谓，叫“河套深港科技创新合作区”。

古老的黄河河套地区，套进了良田与高粱；深港的河套，套进的是科技与人文。

一、深港河套是怎样炼成的?

香港元朗的东北面有个落马洲，隔着一条河，这里是与深圳最近的地方。落马洲地名大有来历，据史载，南宋末年宋帝曾驻跸于此，因此行人路过此处必下马以示敬意，故名“落马洲”。而在《新安县志》中则云，该地一山横出海边，形如勒马，又名“勒马洲”。此处原是一小山岗，在内地改革开放之前，曾一度成为外国游客从香港远望中国内地的观景点。改革开放后，随着深圳成为对外重要的交流通道，1989年在此建成口岸，香港一边叫落马洲口岸，深圳叫皇岗口岸，遂成香港与内地间的公路通道之一，24小时全天候通关。

落马洲出名，与两位诗人有关。1979年3月，余光中开车带着洛夫来到香港落马洲边界，他们第一次在望远镜里遥望内地，故乡与他们如此贴近。洛夫激动之余写下一首可以和余光中《乡愁》媲美的《边界望乡》，诗中有这么几句打动了无数人：“说着说着，我们就到了落马洲。雾正升起，我们在茫然中勒马四顾。手掌开始生汗，望远镜中扩大数十倍的乡愁，乱如风中的散发。当距离调整到令人心跳的程度，一座远山迎面飞来，把我撞成了，严重的内伤。”

在诗的末尾，洛夫略带伤感地写道：“故国的泥土，伸手可及，但我抓回来的仍是一掌冷雾。”

落马洲在各类历史典籍中，多有记载。又经诗人的生花妙笔，承载了多少中华儿女的浓浓乡愁!

那么，落马洲河套又是怎样炼成的呢?

1997年，港深两地政府联合进行深圳河治理工程，“截弯取直”的改造工程将这块原本突出、三面环水的河套区变成了一个四面环水的小岛，深圳河的新旧河道分别将其环抱。

港深本以深圳河河道的中间线为界，经历了1997年对深圳河的改造工程之后，原先位于深圳河旧河道以北、属于深圳的落马洲河套地区，成了深圳河新河道以南、香港特别行政区边境管制区的一部分。

河套的归属，便成为问题。好在香港回归后，这都成了“家事”，根据当时的决策，落马洲河套地区的归属权仍然属于深圳市，但管制权则交给了香港特区，该地区于是成了深圳的一块飞地。

这块飞地不算大，面积0.99平方公里，大约相当于三个深圳湾体育场那么大。

这块河套飞地究竟怎么开发和利用，当时还没有定论。虽然早在1997年深圳河改造之时，民间就有各种动议，但受制于当时港深之间合作机制的不成熟，深圳市有关方面对民间提出的开发建议，作出了“该地区属于香港特区方面的边境禁区，暂无开发计划”的回应。

因此，落马洲河套区静静地躺在那里，一躺就是好多年。

香港回归10周年的2007年12月，深圳市市长率团访港，提议在《内地与香港关于建立更紧密经贸关系的安排》（CEPA）的框架下实施新一轮的港深合作，得到了香港特区政府方面的热切回应。港深两地政府及有关部门签署了《关于近期开展重要基础设施合作项目协议书》，落马洲河套区被首次列入。

二、合作的脚步

进入2000年代后期，落马洲河套区建设的步伐逐渐加快。

此时，在称谓上也逐渐从“落马洲河套区”演变成了港深合作区，只是各自表述，港方称“港深创新及科技园”，深方则称“深港科技创新合作区”，殊途同归。

我们稍稍梳理一下时间轴，便可清晰地发现河套区前进的步伐越来越快，而且每个脚印都非常扎实。

2009年10月，面对香港多所大学院校已经准备北上发展的趋势，香港教育局着手研究香港的大学在落马洲河套区发展的可行性。

2010年11月23日，香港特区政府及深圳市政府就河套区发展同步展开为期2个月的公众咨询，决定将河套区主要功能定位于兴办高等院校及高新科技研发，并预测可以容纳2.4万名学生及带来近3万个就业机会。

2012年9月，落马洲河套区的工程即将启动。在准备前期工作时，香港特区政府即要求承建商，平整地盘前，先行处理河套区域内面积达0.03平方公里、重金属含量超标的污泥。针对河套区未有道路接驳的问题，承建商需要修建一条长约60米的临时行车桥，以连接旧深圳河、下湾村路至落马洲路，以应付工程上的需要。首批土地于2017年年间完成平整工程。

2017年1月3日，香港特区政府与深圳市政府签署合作备忘录，在落马洲共同发展“创新科技园”。这片因治河而生的弹丸之地，正式挂起了“河套深港科技创新合作区”的招牌。

科技园会建立重点创科研究合作基地，以及相关高等教育、文化创意和其他配套设施，希望吸引港深两地及其他国内外的顶尖企业、研发机构和高等院校进驻。香港科技园公司会成立附属公司，负责“港深创新及科技园”的上盖建设和运营。

2018年2月28日，香港财政司发表2018至2019财政预算案时指出，创科是新时代发展的驱动力，香港特区政府会拨款200亿港元将用于发展落马洲河套区港深创新及科技园（创科园）第一期，用于土地平整、基础设施建设、上盖建设和早期营运。

2021年7月7日，中国铁建—群利—保华的联营体，联合中标落马洲河套地区第一期主体工程建设、落马洲河套地区工地平整和基础设施工程及西面连接道路第一期工程，合约总额港币36.01亿元。

河套深港科技创新合作区目前分为两个园区，一个是深圳河以北的“深圳园区”，占地约3平方公里；另一个是深圳河以南的落马洲河套地区的“香港园区”，占地约0.87平方公里。

河套地区以“一河两岸”“一区两园”的理念构建，已经成为全球科创资源融合地，以及引才聚才的“强磁场”。

2023年9月，香港科技园深圳分园正式开园，河套“科汇通”试点正式启动，允许科研资金的调拨使用港澳审计准则，为区为科研机构跨境调拨科研资金提供新路径。

深港政府的一系列“联合政策包”出炉，从基础研究、技术攻关、国际规则、资金流动、人员引进等方面，打出了一套漂亮的“组合拳”。

目前成果已初露端倪。

在河套，已集聚10个国家重大科研平台、10家香港高校科研机构、80

万平方米科研空间、160余个推进及落地的高端科研项目。

在河套，已汇聚17名海内外院士专家、80多个港澳创新创业团队、500多名具有港澳及国际背景的科研人员、近千名创新创业青年才俊。

在河套，已打造综合服务中心“e站通”、科学家服务平台“黄大年茶思屋”、深圳市科技图书馆（福田分馆），还有一批服务深港两地车辆的超级充电场站等配套设施。

一河两岸，千帆竞发。

这块不足4平方公里的土地，已凝聚起一股强大的科技创新力量。

三、河套里的“书式”生活

深圳是中国的阅读之城，无论在哪个城市空间，都少不了书的存在。

河套自然也是“兵马未动，图书先行”。

资格最老的当数“河套深港科技创新合作区图书馆”，这是福田区图书馆打造的直属特色图书馆。室雅何须大，花香不在多。馆舍面积只有600平方米，整洁大气的空间布局，简约时尚的装修风格，让人眼前一亮。

这是福田区图书馆刘涛馆长精心打造的阅读空间。该馆与香港联合出版集团合作，共同推出了“深港共读”主题内容，这也是深圳首家深港合作共建的图书馆。因为该馆也是福田区图书馆的立体书库所在地，存储了6万余册专业图书，为深港河套合作区的科研机构及人员提供相关专业文献，成为河套人的资料库。

刘涛馆长很会嫁接资源，他与香港中华书局、香港中和出版社联手，共同打造“深港阅读推荐官”沙龙，通过邀请深圳、香港等地的知名作家与学者担任“深港阅读推荐官”，展示阅读主张与推荐阅读书单，增进两地民众的文化认同与情感共鸣，为广大河套区读者开拓湾区文学新视野，展现深港合作背景下公共图书馆服务的广泛辐射力与社会凝聚力。刘馆长还有未来蓝图，福田区图书馆将与《香港商报》合作，联合打造“港深地名故事”沙龙活动，从港深地名多样性的由来、港深地标建筑等角度开讲，让市民读者通过地名这一小切口，了解港深两座城市的发展变化及历史渊源，探究港深历史文化别有趣致的另一面。

深港河套区的文化空间可不止这一家图书馆，而是一个小的人文生态空间系统。这里有深圳市科技图书馆（福田分馆）、黄大年茶思屋、香港科学园深圳分园图书馆、福保街道图书馆、福保社区图书馆、南园街道滨河社区图书馆（山川书院）、福田红树林生态公园科普展览馆、水围社区图书馆等空间，这些都为园区的科技人才提供了学习、生活、休闲、娱乐的综合文化配套设施及服务。

在深圳市科技图书馆（福田分馆）充满通透感和自然气息的静音舱里，可以享受24小时阅读乐趣；在黄大年茶思屋，你会一边品尝咖啡，一边思索国宝级科学家黄大年辉煌而宝贵的一生；南园街道滨河社区的“山川书院”，是孩子们的最爱，他们沉迷于“绘本亲子故事屋”里不能自拔；在福田红树林生态公园科普展览馆，深圳人重新领略红树林的城市精神……

除了满满的书香，在保税区里最吸引眼球的是一家美术馆。这是一家深具当代风格的“木星美术馆”，馆长吕红荣极富艺术理想，获得过2023年度法国文化部颁发的艺术与文学骑士勋章。自2012年以来，她在文化和博物馆界表现出色，策划的“拿破仑文物大展”在国内8个省市巡回展出，成功打造了“拿破仑文物”这一文化IP。木星美术馆自2019年在深港河套区创办以来，组织了60余场艺术家个展及联展，参展艺术家600余人，展出6000多件艺术作品，覆盖人群总数超3000万人，媒体传播总量超4000万。

除了这些亮眼的数据，吕红荣的艺术情怀同样让人记忆深刻，她对木星认识独到，她说：“木星是太阳系八大行星中体积最大、自转最快的行星，其磁场强度是地球的14倍。”她把自己的美术馆命名为“木星”，正是希望它能拥有木星独特的磁场特性，并成为一个具备国际视野的美术馆，同时也能带动周边地区成为一个充满活力、凝聚力和创造力的聚集地。为此，她奋斗了12年，并注定还将奋斗下去。

深港河套合作区每天都在生长，明天它会怎样呢？

“满眼生机转化钧，天工人巧日争新”，这是清代诗人赵翼的诗句，意思是人们只有不断创造新事物、新思想，大自然和人类社会才能不断地延续和发展。

在碧波荡漾的深圳河边，在加快迈向世界级科研枢纽的步伐中，河套深圳园区将有力支撑粤港澳大湾区国际科技创新中心建设，为粤港澳大湾区高质量发展注入澎湃动力。

魅 力 横 岗

龙岗在深圳的东北部，横岗在龙岗的中心点，由它把龙岗的东西连接起来。

横岗街道北接龙岗中心城和大运新城，南联罗湖，东与园山街道相邻，西与平湖、南湾接壤。这个核心位置使得横岗成为一个重要的交通枢纽，机荷、水官、盐排等高速公路穿越其间，龙岗大道、沙荷路、红棉路等主干道四通八达、互相贯通。同时地铁3号线、14号线也穿过辖区。深圳没有与上述各类道路有过交集的人，怕也找不到几个。

查《龙岗区志》得知，横岗地名沿用旧横岗墟名，因境内有山岗横卧于道而得名。

一、茂盛世居与诗书传家

若论横岗最知名的地标，当属茂盛世居。

茂盛世居始建于清嘉庆年间（1796—1820年），已有200多年历史，也称茂盛围，是融合了客家风情与西洋风格的客家建筑。围屋为矩形围城式建筑，横81米，纵78米，四周围墙高7米，墙厚70厘米，占地一万余平方米。

茂盛世居是深圳地区保存最为完整的大型客家民居古建筑之一，滨海客家的典型代表，为客家围屋中“九厅十八井，四角走马楼”的格局。与其他客家围屋的纯广式风格不同，该建筑结构具有“中西合璧”特征，故被称为“客家围堡”，是深圳市较为独特的融广府民居和欧式建筑于一体的大型客家围屋。

茂盛世居由何氏开基，200多年前清乾隆年间，何维松、何维柏两兄弟从原籍广东兴宁县永和乡炉铺岭村来到横岗创业。何氏兄弟当年从兴宁乘船来到龙岗时，身无分文，兄弟俩几天靠一个咸蛋下饭。开始创业时，他们了解到盐田一带的渔民对烧酒的需求量大，便设酒坊制酒；因酒渣是喂猪的好饲料，他们便加做豆腐以酒渣和豆腐渣养猪。每天，弟弟何维松挑酒行数十里山路到盐田沿海卖酒，哥哥何维柏屠猪卖肉，也是自己肩挑肉担走街串巷叫卖。

后来，兄弟俩开货栈、建酒坊，养猪屠宰综合经营，在横岗墟创办了“茂盛”商号，经过多年拼搏，终成横岗大富之一。何氏兄弟发财之后，何家开始兴建大围屋。清嘉庆初年（1800年前后），何氏开始建茂盛世居，历时13年建成此围屋。“茂盛”名称源于何氏兄弟之父“俊茂公”的号，族中尊称其为“茂盛公”。

何维松、何维柏两兄弟各有3个儿子，儿孙长大后，兄弟俩决定分田产。弟弟念兄长理家奉老辛苦，要多分给兄长五担（租）良田；而哥哥则坚称弟弟经商发家功劳大，五担良田应归弟弟。两相谦让不下，最后哥哥定夺，田产平分，但此后每年公祭，长房儿孙要拿5斤猪肉给二房亲人。100多年过去了，当年祖先定下的规矩，一直延续至今。

何氏祖先除了勤劳致富，他们的乐善好施、重视教育也名声在外。相传茂盛公勤劳致富，富而不骄，富而行善，富而济世。茂盛大屋兴工那年正值荒年，有数十名民工前来要求帮工，只求饭吃。当时建筑工程师已经安排好人手，所以没有理会，但茂盛公得知后，马上让建筑师将在场民工全数录用，不仅供饭，还付工钱给大家。依据旧时的记载，当年遇到山洪暴发，茂盛公总是慷慨解囊，还兴建了一座石桥，长数十丈，以利乡民。横岗领头坪前不见村后不见店，却是龙岗、盐田、深圳、塘沥等地互通之孔道，茂盛公便出资兴建凉亭，供路人休息，并施茶粥，帮助劳苦之人。晚年茂盛公教谕后人，若遇荒年奸商哄抬米价，就要坚决开仓救市，压低粮价，断不可让穷人吃不起米，以稳地方大局。

何氏兄弟都知书识礼。何维松本是教书先生，何维柏长于经济，为了使后代读书知礼，两公共建书房一座，凡十数间，名“冠英书屋”，又称大书房。请名师，办学堂，不但收本族子弟入学，还收邻里学童，教化乡里。

古道家风，赓续不断。每年的重阳节和大年初二，茂盛后人会聚集在茂盛世居祠堂祭拜祖先，这种传统风俗成了家族的约定，已延续至今。

二、六约学校与文学村

也许是受何氏的儒学风气熏染，横岗的私塾如雨后春笋涌现。

延续至今的还有一所六约学校。

六约学校位于横岗街道六约社区，始建于1931年，其历史可追溯至更早的1923年，由当地宿儒张杏芳牵头，村民集资创办，几经停办、复办、扩建、改造，在坎坷中顽强发展。

横岗多有六约、四联这样的地名，含义何在?

在客家话中，“约”有联合之意，“六约”即指此村由6个小山村联合而成。据深圳本土民俗学者廖虹雷介绍，早在五六百年前，六约一带有了第一批定居者，后来又从福建、江西、广东梅县等地迁来不少客家人，散居在深坑、塘坑、龙塘、埔厦、大和、麻地6个小山村。相较于第一批定居者，后来者处于弱势，于是，6个小山村的客家人抱团相依，形成“六约村”，寓意村民联合，共存共荣。四联、三联等村名寓意也大抵如此。

六约学校的创办人、首任校长张杏芳，儿时家中贫困，但其父颇有远见，省吃俭用将他送进私塾读了三四年书。时值乱世，没有考学求仕的途径，张杏芳只能退学在家务农。辛勤持家之余，他四处借书苦读，还自学中医知识，常替乡邻治病。多年勤学令张杏芳的学识丰盈，1920年前后，他受聘到大望、南岭等地教书，开始了教育生涯。这时，新式学校已在广东逐渐兴起，张杏芳意识到，随着科举制度废除，旧式私塾教育已不能满足时代需求，只有新式学校才能培养出更多人才，于是，他回到家乡游说乡邻筹建六约小学。

走进六约学校，首先映入眼帘的是一座充满南洋风情的二层小楼，上书“六约学校”四个大字并标明建造年份“1931”，为现代化的校园增添了一缕旧时光的味道。这是一座典型骑楼，内有屋室，外有连廊。淡蓝的底色上用白色做装饰，拱形的窗饰和花瓣状匾额使其看起来清秀雅致，宛如书香人家走出来的小家碧玉。小楼占地面积约150平方米，上下两层分别可设3间教室。一层有4根立柱，两方两圆，二层有7根立柱，立柱之间上有拱形装饰，下有雕刻着几何纹饰的围栏。这些半开放式空间尤其适合本地酷暑且多雨的气候，在烈日当头和下雨的日子，学生们可以在上下连廊处进行室外活动。

六约学校“1931楼”前，有老校长张杏芳亲手栽下的两棵树，一棵是玉兰，被后人称为幸福树。另一棵是樟树，但不知何年何月，有榕树种子落在其间，一棵榕树穿过樟树的树干顽强生长起来，与樟树共生共荣，大家取名“和谐树”。

如同六约这个数百年间不断融合发展的家园，六约精神正如这大樟树一样历经风雨仍傲然挺立，虽经挫折但永不言败。

离六约学校不远，有条红棉路。每年初春，红棉花层层叠叠绽放，像是给马路铺上了红色的锦缎，煞是好看，吸引远近各地居民纷纷前来“打卡”。

如果说红棉美景是横岗的一张景观名片，那红棉文学品牌则是横岗的人文名片。一个街道居然有一所“龙岗文学院”，还有一本文学杂志《红棉》，在这一院一刊的周围，聚集了一批创作力旺盛的本土作家。文学是城市的精神面孔，在建构城市精神上具有重要的作用。每当“红棉文学奖”颁奖的时候，中国作家协会以及一批著名作家、评论家都会云集横岗，开启“深读城市”文化论坛。

横岗文学之风，使得这里的空气中始终弥漫着浪漫的气息。

三、横岗的土特产：眼镜

如果说到深圳的特产，人们会说出一串：南山荔枝、沙井生蚝、光明乳鸽、公明烧鹅。说起横岗特产，他们会说：横岗眼镜。

眼镜也能成土特产？不错，当你到横岗眼镜城逛一趟，你会发觉此言不虚。在这个世界级的眼镜城里，你会处于各种光学镜片的注视下，欧美日韩的新款眼镜会让你惊讶得“大跌眼镜”。据了解，这里的眼镜90%出口到世界各地，占世界中高端镜架市场的60%。

我在深圳的一大爱好就是逛横岗眼镜城。我对“民国”的圆形眼镜有一种偏执的爱好，经过各种时髦眼镜的体验，最后只愿戴圆形眼镜，可是这种被戏称为“溥仪眼镜”的物件，竟然在大多数眼镜店都无法寻到，但只要你到了横岗眼镜城，一定不会落空。当你精挑细选到一副满意的镜架，再定好镜片，然后店家会让你在大楼里四处逛逛，当你20分钟之后回到柜台，一副崭新的眼镜便能架到你的鼻梁上，那叫一个爽。

20年中，我在那里淘到过各种“民国”圆形眼镜几十副。毫不夸张地说，我对于“横岗、嘉宝、新马、中焕”这四大眼镜城的熟悉程度，要高于我的居住地附近。

横岗眼镜起步于20世纪80年代，正值改革开放初期“三来一补”（即来料加工、来件装配、来样加工和补偿贸易）政策大力推行。彼时，香港制造业想要北上，深圳是第一选择。以深圳为代表，电子元件加工、服装、首饰加工等一批工厂迅速崛起。

香港眼镜产业也开始向深圳转移，深圳第一家眼镜厂——横岗光学厂，就是由香港商人林贤生于1983年在横岗168工业区创办。有横岗光学厂探路在前，越来越多香港龙头眼镜企业加速来深圳投资建厂，逐渐形成了以横岗为核心的深圳眼镜产业集群。

横岗眼镜城的发展历程中，有几个重要的里程碑。1983年，香港商人林贤生在横岗开设了深圳第一家眼镜厂——横岗光学厂，这标志着横岗眼镜产业的开始。随后，横岗眼镜城逐渐形成了多个商贸型眼镜城，如嘉宝国际眼镜城、横岗时尚眼镜城、横岗眼镜城等，这些眼镜城不仅代理或销售国际、国内的高、中、低端眼镜品牌，还提供了批发、零售、加工等一站式服务。此外，横岗眼镜城还通过注册“横岗眼镜”集体商标，进一步提升了品牌的知名度和影响力。横岗眼镜的吸引力无法抵挡，除了与世界同步的顶级设计创意、精致加工，更重要的在于它无可比拟的价格优势，一副德国、意大利、日本品牌的顶级品牌眼镜，在国外要价上万元，在这里往往只要200元，但是无论款式还是质量都是一模一样的。

横岗眼镜已经名声在外，有些店家更是把分店开到了东南亚，这份独特的横岗土特产让人把世界看得更清晰。

四、舞蹁跹，歌嘹亮，人欢畅

横岗还有一张文化名片，那就是交谊舞。

横岗的广场交谊舞在深圳乃至全国都是闻名的。每天晚上都有五六千人来到横岗文体广场跳舞，不是普通的广场舞，而是国标舞，妥妥的专业水准。而到了周末，来跳舞的人数则超过一万，场面壮观。甚至周边东莞、惠州的许多人也慕名而来。

说起横岗镇文体广场交谊舞的历史，还要追溯到20世纪80年代末90年代初。那时横岗镇为了吸引港资，镇领导率队到香港招商引资，港商热情招待，并特意举办舞会欢迎，孰料横岗人却无一人进舞池，不是不敢，而是不会。这让港商大为扫兴，认为和这样的土老帽是做不成生意的，于是有些板上钉钉的项目也泡汤了，在客观上一定程度地影响了招商引资的效果。受这件事的刺激，镇领导回来决定带领大家学跳舞，提高横岗人自身的文化素质，使横岗的人文投资环境变得更好。最初，请来了香港教师带着六七个青年学跳舞，不久全镇的各个村都形成了学跳舞的热潮。在这样的形势下，不但群众的跳舞水平不断提高，横岗的专业舞蹈水平也飞速发展。横岗的交谊舞曾在国家级、省级的比赛中拿了几十个大奖，全镇有2万多人会跳交谊舞，被誉为深圳的“交谊舞之乡”。

横岗有个7200平方米的交谊舞广场，对于20多平方公里的街道来说，不过是巴掌大的一块地方。但把舞蹈作为一种精神文化注入这个广场时，它就成为一种象征、一种无声的引导。入夜，横岗文体广场霓虹闪烁，笑语阵阵，舞姿翩跹，数千名男女老少踩着欢快的节拍，沉醉于广场上接连不断的乐曲。曾有一位来横岗洽谈生意的日本商人成本胜，见到这一场面后人发感慨：“真是一大奇观！”

在舞翩跹、歌嘹亮中，横岗人的心情怎能不欢畅?

后记

这是一本计划之外的书。

2023年在深圳的《晶报》上开了一个专栏，叫作《深城记》，顾名思义，旨在谈论本土的地名。此事缘起偶然。年初一日，我和老友尹昌龙、陈林二兄参加了《晶报》总编辑胡洪侠主持的一个“博雅讲堂”，主题是“探寻藏在地名里的深圳故事”。几个老哥们儿一番舌灿莲花，把本来以为略微冷门的议题聊得热火朝天，听众也意趣盎然。论坛后主办方移师酒桌，席间，不喝酒的大侠给喝得五迷三道的哥仨出了个题目，索性在报纸上开个讲述地名的专栏，把论坛上来不及讲的话慢慢道出。借着酒劲，一碰杯、一仰脖，订下杯中之盟。后来这个专栏又搬到了《香港商报》上，一年多下来，居然也积下一本小册子，此时，身兼报业出版社社长的大侠又一次提议可单独出书，于是我等三人便愉快地被这厮“一鸭三吃”了。

讲深圳的地名故事，其实不如原先想的那么容易，因为深圳的正史资料相当单薄、零落、碎片，主要依据的那几版县志，又多有重叠，且语焉不详。而口述传说、民间野史也因为移民迁徙频繁，远不如其他地区丰富、翔实，所以写深圳，犹如在历史的河流中打捞飘忽不定的水草，有时貌似寻到踪迹，却又握不住。这在我前几年写《深圳传》时便有体会，但那本书毕竟是写深圳大历史，视野还是宏观和中观的，而到了这本书，落到了具体地名，则微乎其微，一切细节均被放大，一切疑点无以回避。于是只能硬着头皮条分缕析、筚路蓝缕。偶有寻获，即欣喜若狂。

我是一个喜欢闲逛的人，多年前就把自己定义为一个闲人，而且固执地认为了解城市最好的方式便是闲逛，因此我写到的这些地方都是我自己足迹所到之处。有些是游客不屑的角落，但我偏爱这些冷僻的角落，我以为历史正隐藏于这些被遗忘的角落。

从无心插柳，到瓜熟蒂落，殚精竭虑，终有小成。这里要感谢很多人，首先要感谢首倡者胡洪侠，如果没有他的命题，便没有这些文字；感谢《晶报》编辑李岷，开专栏总是需要一个拿着鞭子的人，她便是那个拿着鞭子却不乏温柔的催稿者；后来这个鞭子又交到了《香港商报》副总编辑王军兄的手中，他可没有那么温柔；感谢在报纸上为我配画的人，只知道他的笔名“胡椒枪”，每期展开报纸时我总是先看他出色的水彩画，然后才看我的文字；还要感谢这本书的责任编辑叶苑秋，她心细如发，从合同到编书，没有一个细节会被她遗漏。

谨以此书献给我生活了30余年的深圳！我来的时候，这座城市才12岁，非常年轻，未来我将老去，而这座城市依然年轻。

胡野秋

2025年7月于西隐斋

出版人：　龙建涛

策划编辑：刘悠扬

责任编辑：叶苑秋

责任校对：杨杰　王鹏　杨铖彦

装帧设计：杨军

插图：　　胡椒枪　勾特工作室

图书在版编目（CIP）数据

落脚之地 / 胡野秋著. -- 深圳 : 深圳报业集团出版社, 2025. 8. -- (文脉). -- ISBN 978-7-80774-154-1

Ⅰ. D632.4-53

中国国家版本馆CIP数据核字第20254411H0号

落脚之地

LUOJIAO ZHI DI

胡野秋　/著

深圳报业集团出版社出版发行
(深圳市福田区商报路2号　518034)
中华商务联合印刷（广东）有限公司印制
新华书店经销
开本：787mm×1092mm　1/16
字数：205千字
版次：2025年8月第1版　2025年8月第1次印刷
印张：16
ISBN　978-7-80774-154-1
定价：68.00元